Hermann Wellers

Christiani – basics

Prüfungswissen Mechatroniker/-in

Aufgaben zur Abschlussprüfung Teil 1

2., korrigierte Auflage 2022

Dr.-Ing. Paul Christiani GmbH & Co. KG

ISBN 978-3-95863-275-2

Bestell-Nr. 32370

2., korrigierte Auflage 2022

Zu diesem Buch

Diese Aufgabensammlung eignet sich besonders zur Vorbereitung der Facharbeiterprüfung Teil 1. Dies begründet sich vorrangig darin, dass die Aufgaben jeder Gruppe in prüfungsrelevanter Weise gemischt sind, was eine effektive Selbstkontrolle ermöglicht.

Den Aufgabengruppen ist ein Projekt vorangestellt. Ähnlich wie in den Facharbeiterprüfungen beziehen sich Teile der Aufgaben auf dieses Projekt. In jedem Fall werden diese Projekte auch bei den Aufgabengruppen zur Vorbereitung auf die Abschlussprüfung Teil 2 vertiefend bearbeitet.

25 Single-Choice-Aufgaben schließen sich dem Projekt an. Die Lösung dieser Aufgaben wird auf den Auswertebogen übertragen.

Den Abschluss bilden 10 ungebundene Aufgaben (Teil 2), deren Lösungen schriftlich eingetragen werden müssen. Diese Aufgaben werden mit 0 bis 10 Punkten bewertet. Die erreichte Punktzahl wird eingetragen.

Die Auswertung erfolgt folgendermaßen:

- Die Anzahl der richtig gelösten Single-Choice-Aufgaben wird eingetragen. Zum Beispiel **20**.
- Die erreichte Gesamtpunktzahl der ungebundenen Aufgaben wird eingetragen. Zum Beispiel **90**.
- Der Multiplikator für die Single-Choice-Aufgaben ist **1,6**. Der Multiplikator für die ungebundenen Aufgaben ist **0,6**.

Single-Choice-Aufgaben, Teil 1

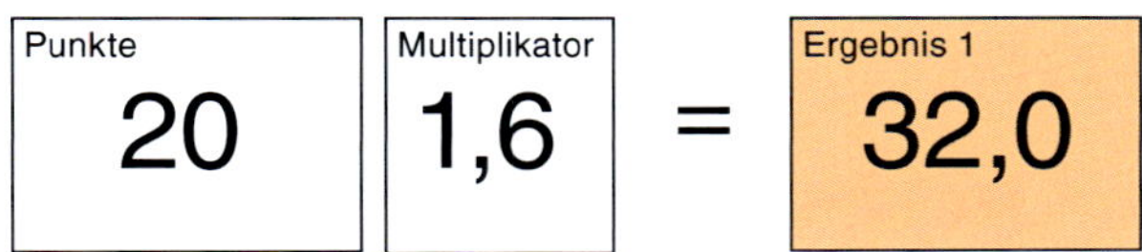

Ungebundene Aufgaben, Teil 2

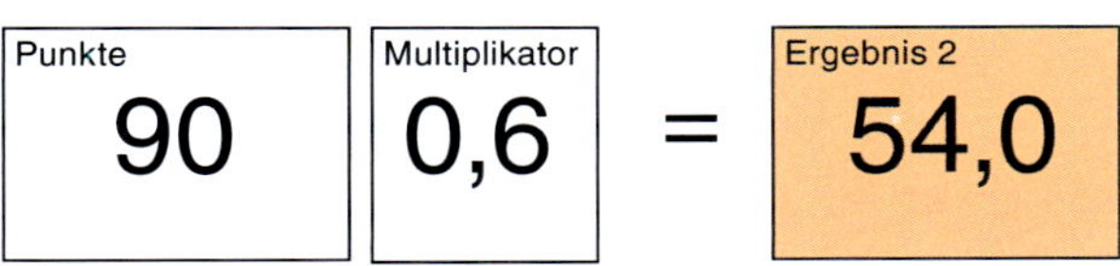

Gesamtergebnis (Ergebnis 1 + Ergebnis 2)

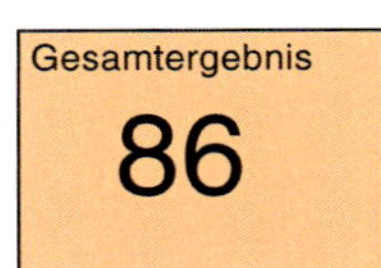

Bewertungsschlüssel

Punkte	Note
0 bis 29	ungenügend
30 bis 49	mangelhaft
50 bis 66	ausreichend
67 bis 80	befriedigend
81 bis 91	gut
92 bis 100	sehr gut

Bei der Ermittlung des Gesamtergebnisses wird gerundet. Es ergeben sich in obigem Beispiel 86 %.

Dies bedeutet bei dem vorgegebenen Bewertungsschlüssel die Note „gut".

Selbstverständlich unterliegt die Gewichtung der beiden Aufgabenteile dem Ausbilder. In diesem Fall muss er nur die Divisoren ändern. Der Bewertungsbogen ist auch dann in vollem Umfang nutzbar.

Bewertungsbögen finden sich im Anhang. Ebenso Lösungsschablonen für die schnelle Auswertung der Lösungsangaben. Selbstverständlich sind auch Lösungsvorschläge für die ungebunden Aufgaben angegeben.

Inhalt

Projekt

Die Firma Senner AG stellt Elektromotoren her. Nach einer Anzahl von Kundenreklamationen wird eine **Projektgruppe** gebildet. Sie soll *Qualitätssicherungsmaßnahmen* zunächst für die Motoren-Baureihe „MOT_763_004" erarbeiten.

Die Elektromotoren der angesprochenen Baureihe werden über drei gleichartige Transportbänder von der Produktion zum Versand transportiert. Jeder Motor soll automatisiert überprüft werden. Dabei soll der Materialfluss von der Produktion zum Versand so gering wie möglich behindert werden.

Geprüft werden sollen die Wicklungswiderstände der Motoren.

Die Motoren können wegen der 100 %-Prüfung noch nicht vollständig verpackt werden. Die Klemmkastenabdeckung kann erst nach erfolgter Überprüfung montiert werden. Dies soll zunächst der Mitarbeiter übernehmen, der die Motoren für den Versand vorbereitet.

Außerdem kann dieser Mitarbeiter dann mangelhafte Motoren sofort aussortieren.

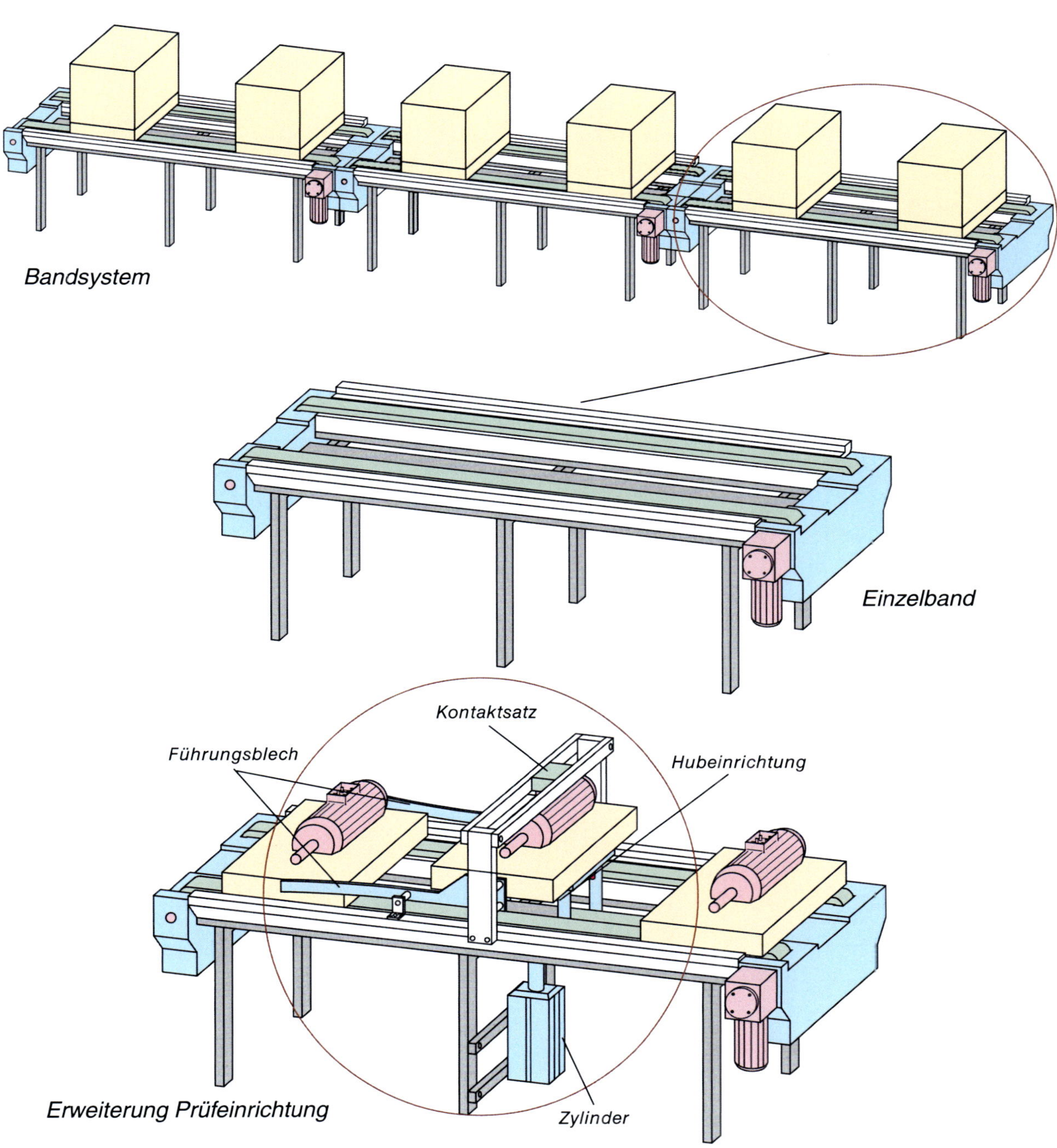

Automatische Messung bei laufendem Band. Messeinrichtung ortsfest montieren und Prüfling anheben, damit seine Anschlussklemmen kurzzeitig gegen den Messadapter gedrückt werden.

Damit ist die Messeinrichtung weitgehend unabhängig von der Bandgeschwindigkeit, was eine Verringerung der Serviceanfälligkeit bedeutet.

Da es sich um einen Gurtförderer handelt, kann der Prüfling durch eine Mechanik angehoben werden, die durch das Band greift (also von unten). Hierzu kann ein Pneumatikzylinder dienen.

Forderungen an das System:

- *Ein Prüfling muss erkannt werden.*
- *Der Prüfling wird zur Kontaktierung mit dem Messadapter angehoben (Zylinder).*
- *Dabei läuft das Band kontinuierlich weiter.*
- *Danach wird der Prüfling wieder abgesenkt (Zylinder). Der Bandtransport wird fortgesetzt.*
- *Der nächste Prüfling wird erwartet.*
- *Ein federnder Kontaktsatz wird oberhalb des Transportbandes ortsfest montiert.*
- *Der Kontaktsatz ist nicht als Normteil zu erwerben und muss deshalb gefertigt werden.*
- *Eine Hubvorrichtung für den Prüfling in Teilverpackung ist zu fertigen (Metallabteilung). Sie darf den Bandtransport nicht behindern.*
- *Die Hubvorrichtung wird durch einen doppelt wirkenden Pneumatikzylinder angehoben und wieder abgesenkt.*
- *Gesteuert wird der Pneumatikzylinder über ein 5/2-Wegeventil.*
- *Obgleich die Kontaktierungen zum Ausgleich von Lageabweichungen federnd ausgeführt werden, muss der Prüfling dennoch so genau wie möglich unter der Messeinrichtung positioniert werden. Hierfür sind zwei Führungsbleche (Fertigteile) am Band zu montieren.*

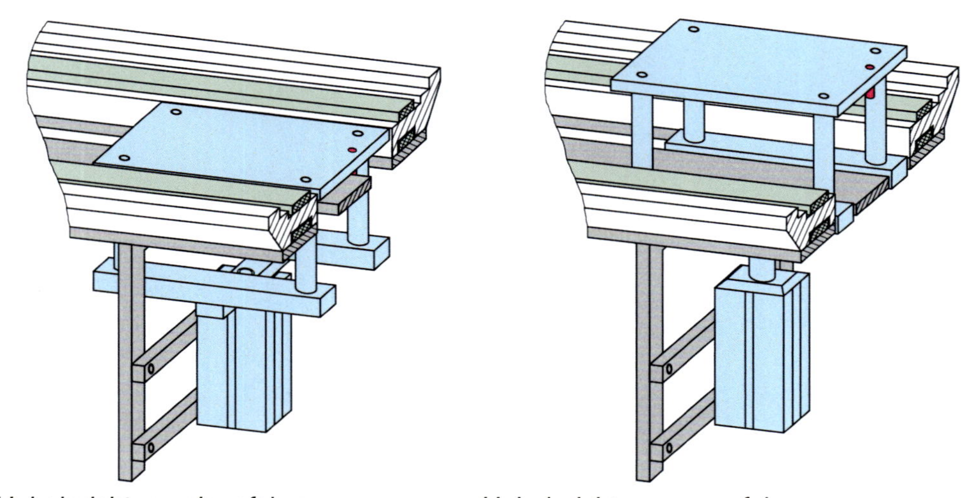

Hubeinrichtung eingefahren *Hubeinrichtung ausgefahren*

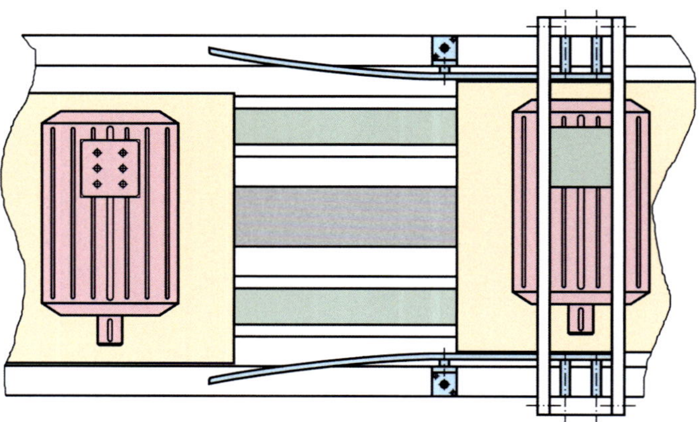

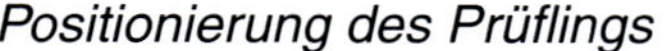

Positionierung des Prüflings

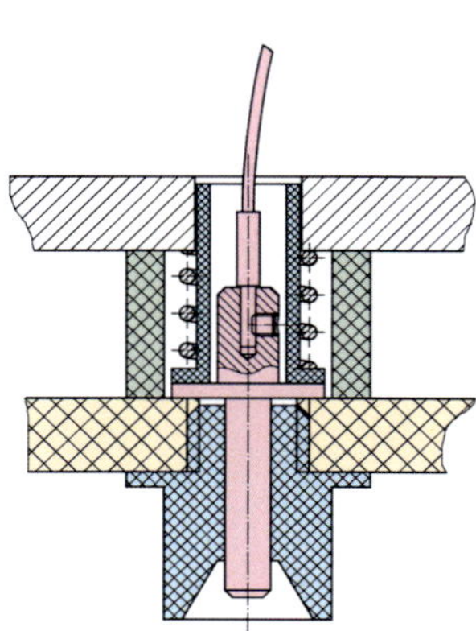

Kontakt

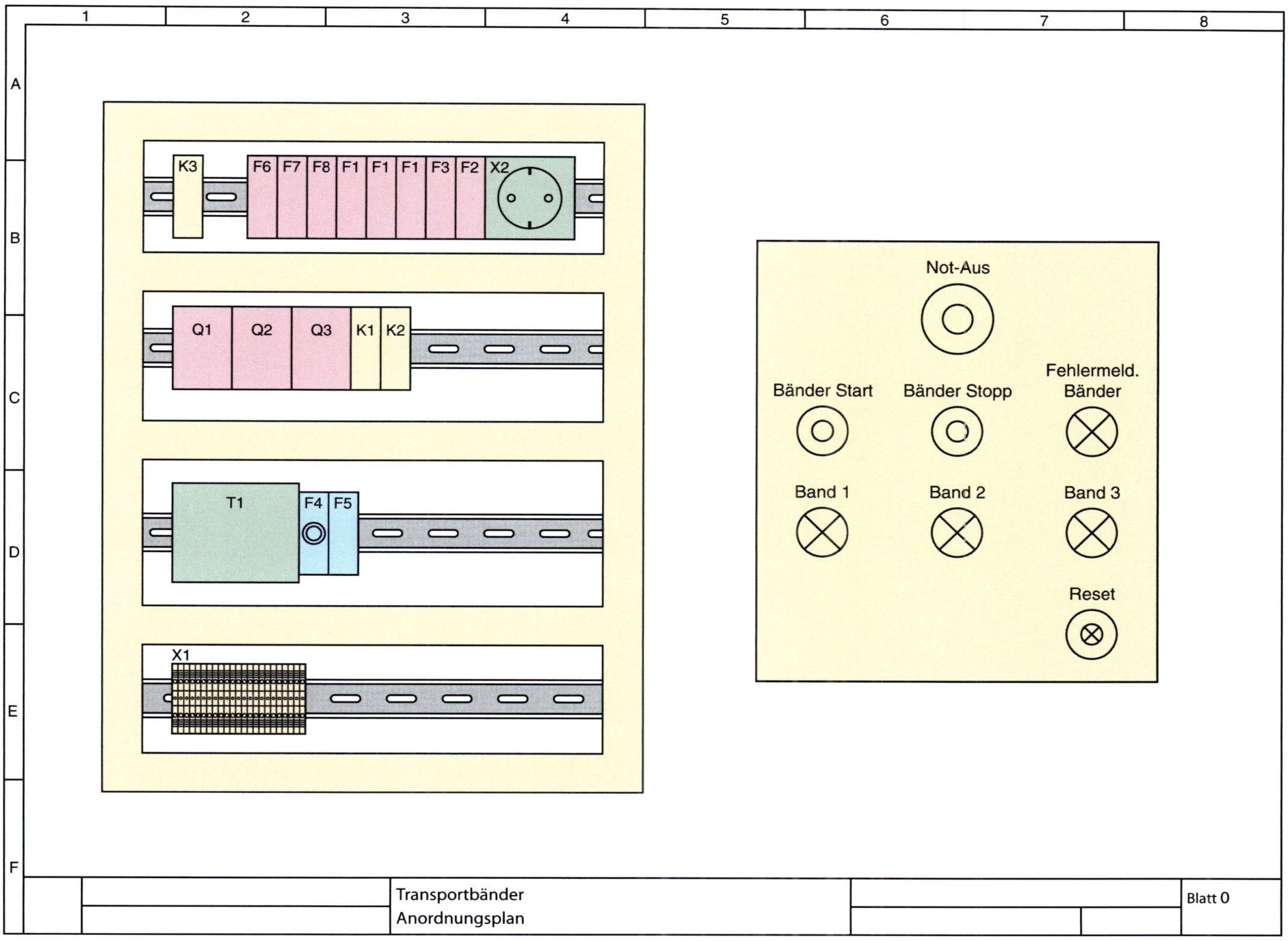

K3 F6 F7 F8 F1 F1 F1 F3 F2 X2

Q1 Q2 Q3 K1 K2

T1 F4 F5

X1

Not-Aus

Bänder Start

Bänder Stopp

Fehlermeld. Bänder

Band 1

Band 2

Band 3

Reset

Transportbänder
Anordnungsplan

Blatt 0

Anordnungsplan und Bedienteil der Steuerung

Anzahl	Bezeichnung	Daten
1	Einbautaster	1 NO, schwarz
1	Einbautaster	1 NC, schwarz
3	Meldelampe mit Leuchtmittel	24 V, grün
1	Meldelampe mit Leuchtmittel	24 V, rot
1	Leuchtdrucktaster mit Leuchtmittel	24 V, 2 NO, blau
1	Not-Aus	1 NC

Stückliste des Bedienteils

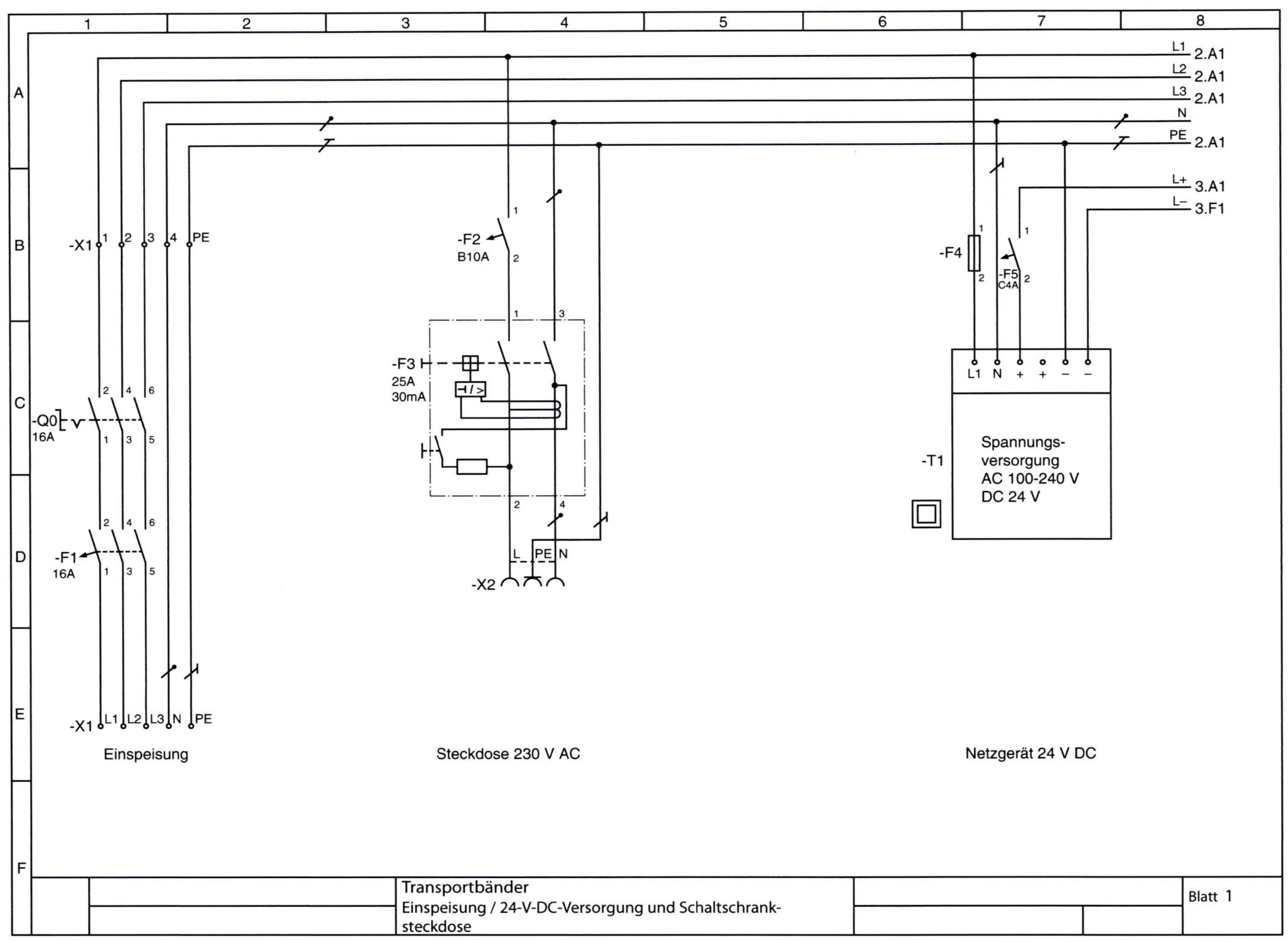

Einspeisung, 24-V-Gleichspannungsversorgung, Schaltschranksteckdose

Anzahl	Bezeichnung	Daten
1	Schaltkasten	B/HIT 500/700/250
1	Not-Aus-Schaltgerät	PSR-ESM4
1	Hauptschalter	400 V, 2 Schaltstellungen, rot/gelb, 4-polig
1	Netzgerät	230V AC/24 V DC/5 A
1	Schmelzsicherung	Neozed, 6 A, einpolig
1	LS-Schalter	C4A, DC
1	RCD	25 A/30 mA, 2-polig
1	Steckdose	230 V/16 A, Hutschienenmontage
1	LS-Schalter	B10A
3	Hauptschütz	24 V DC, Kennzahl 11
2	Zeitrelais	1 Wechsler, einschaltverzögert
3	LS-Schalter	B16A
3	Motorschutzschalter	2,5 bis 4 A, 25 A, 1 NO, 1 NC
	Leitungskanal	geschlitzt, H = 45 mm, B = 30 mm

Stückliste der Montageplatte

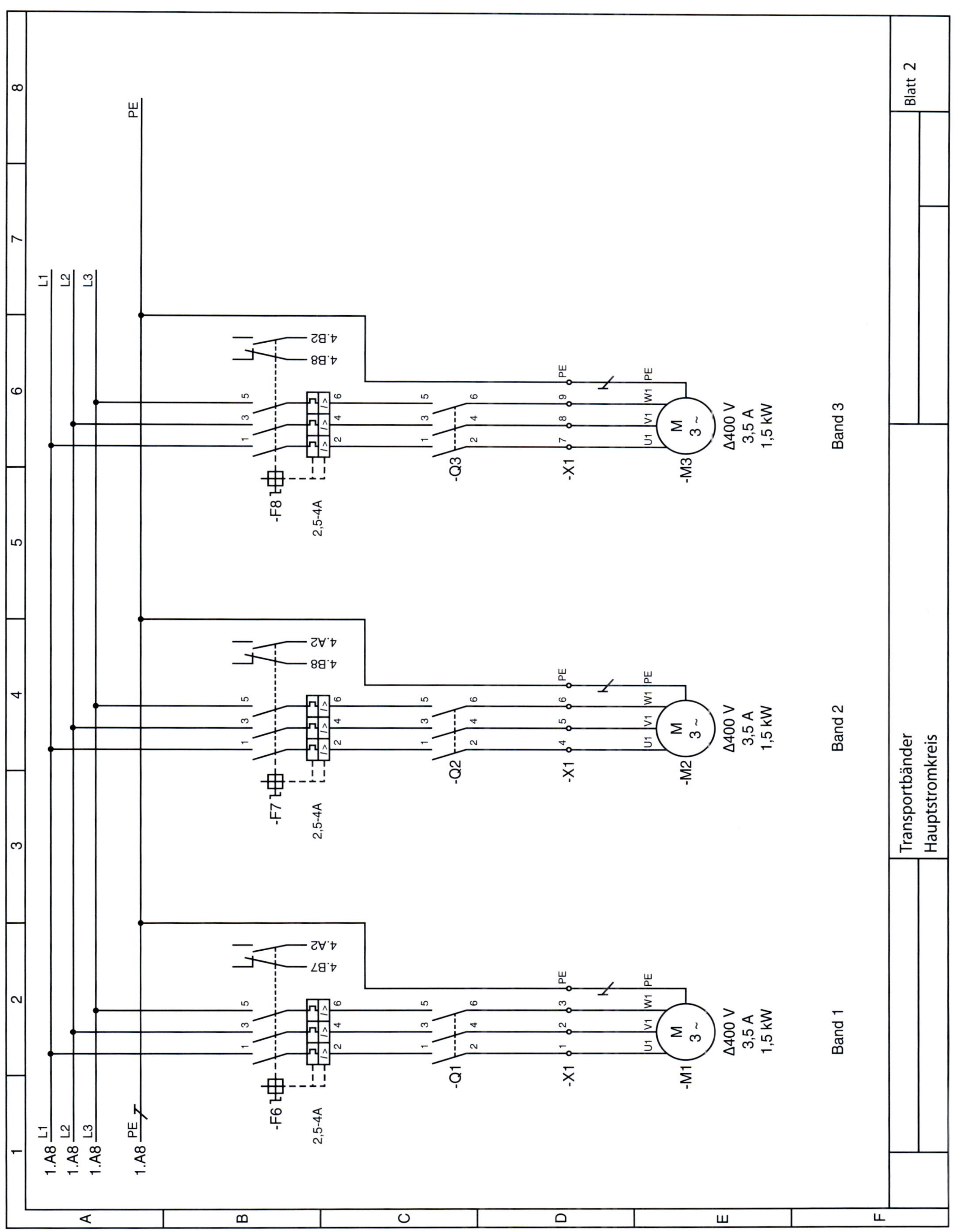

Hauptstromkreise der Transportbänder

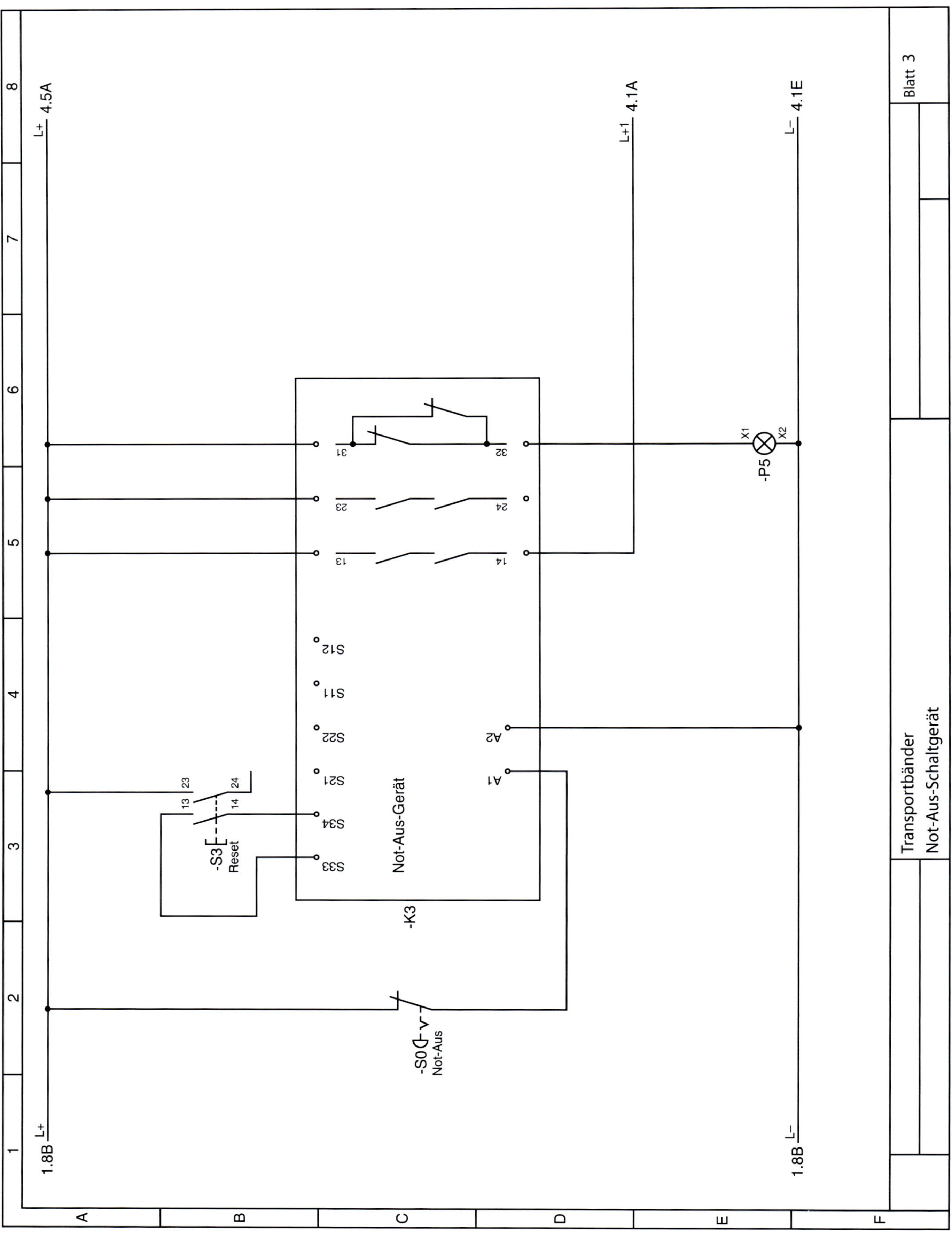

Not-Aus-Schaltgerät

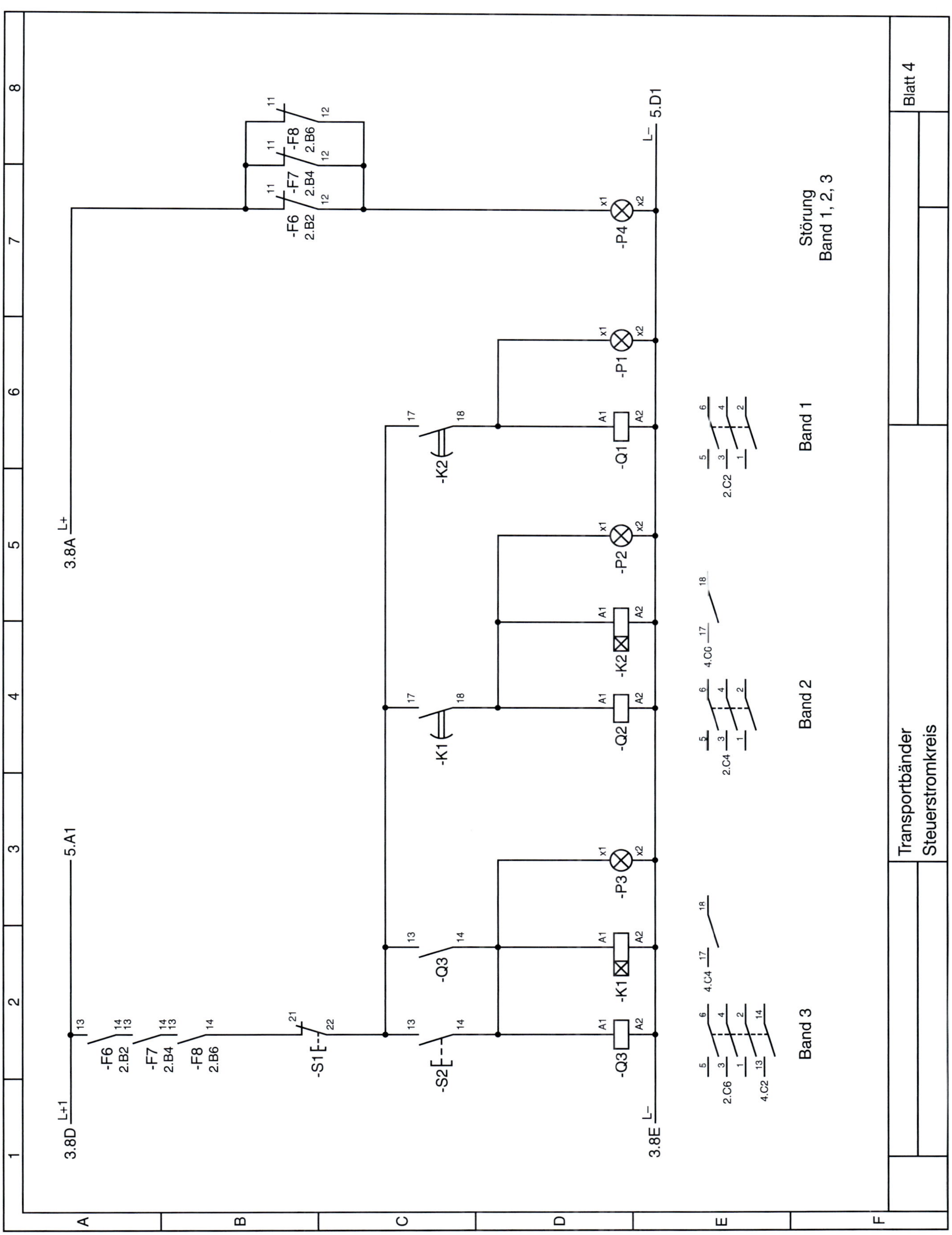

Steuerstromkreis Bandantrieb

Analyse des Istzustandes

- *Die drei Bandantriebsmotoren M1, M2 und M3 werden durch die Hauptschütze Q1, Q2 und Q3 geschaltet.*
- *Den Motorschutz und Leitungsschutz übernehmen die Motorschutzschalter F6, F7 und F8.*
- *Die technischen Daten der drei Motoren stimmen überein.*
- *Die drei Bänder werden zeitlich verzögert durch den Taster S2 eingeschaltet. Dies erfolgt durch die Zeitrelais K1 und K2 (einschaltverzögert).*
- *Die Einschaltfolge der Bänder ist vorgegeben (Band 3 → Band 2 → Band 1).*
- *Die drei Bänder werden gemeinsam mit dem Taster S1 ausgeschaltet.*
- *Der Betriebszustand eines Bandantriebs wird durch eine Meldelampe signalisiert. Wenn zum Beispiel das Band 1 über das Schütz Q1 eingeschaltet ist, leuchtet die Meldelampe P1.*
- *Wenn der Motorschutz eines Bandantriebs anspricht, werden alle Bänder ausgeschaltet.*
- *Der Steuerstromkreis arbeitet mit einer Betriebsspannung von 24 V DC.*
- *Bei Betätigung des Not-Aus wird die 24-V-Steuerspannung abgeschaltet. Die Schütze für die Bänder fallen dann ab.*

Erweiterungsauftrag

- *Das Bedienteil soll um einen Schalter zum Ein- und Ausschalten der Prüfstation und um eine Meldelampe „Fehlermeldung Prüfstation“ erweitert werden.*
- *Die Beschaltung des Not-Aus-Relais soll angepasst werden.*
- *Der Pneumatikplan für die Hubeinrichtung ist zu entwickeln.*
- *Der Steuerstromkreis für die Hubeinrichtung ist zu entwickeln.*
- *Die komplette Steuerung soll mit SPS realisiert werden.*
- *Für die Hubeinrichtung sind Adapterplatte, Strebe, Hubplatte und Führungsbleche zu fertigen und zu montieren.*

Anzahl	Bezeichnung	Daten
1	Einbautaster	1 NO, schwarz
1	Einbautaster	1 NC, schwarz
3	Meldelampe mit Leuchtmittel	24 V, grün
2	Meldelampe mit Leuchtmittel	24 V, rot
1	Leuchtdrucktaster mit Leuchtmittel	24 V, 2 NO, blau
1	Einbauschalter mit Leuchtmittel	24 V, 1 NO, grün
1	Not-Aus	1 NC

Stückliste des erweiterten Bedienteils

Anzahl	Bezeichnung	Daten
3	Hilfsschütz	24 V DC. 2NO, 2 NC

Erweiterung der Stückliste der Montageplatte

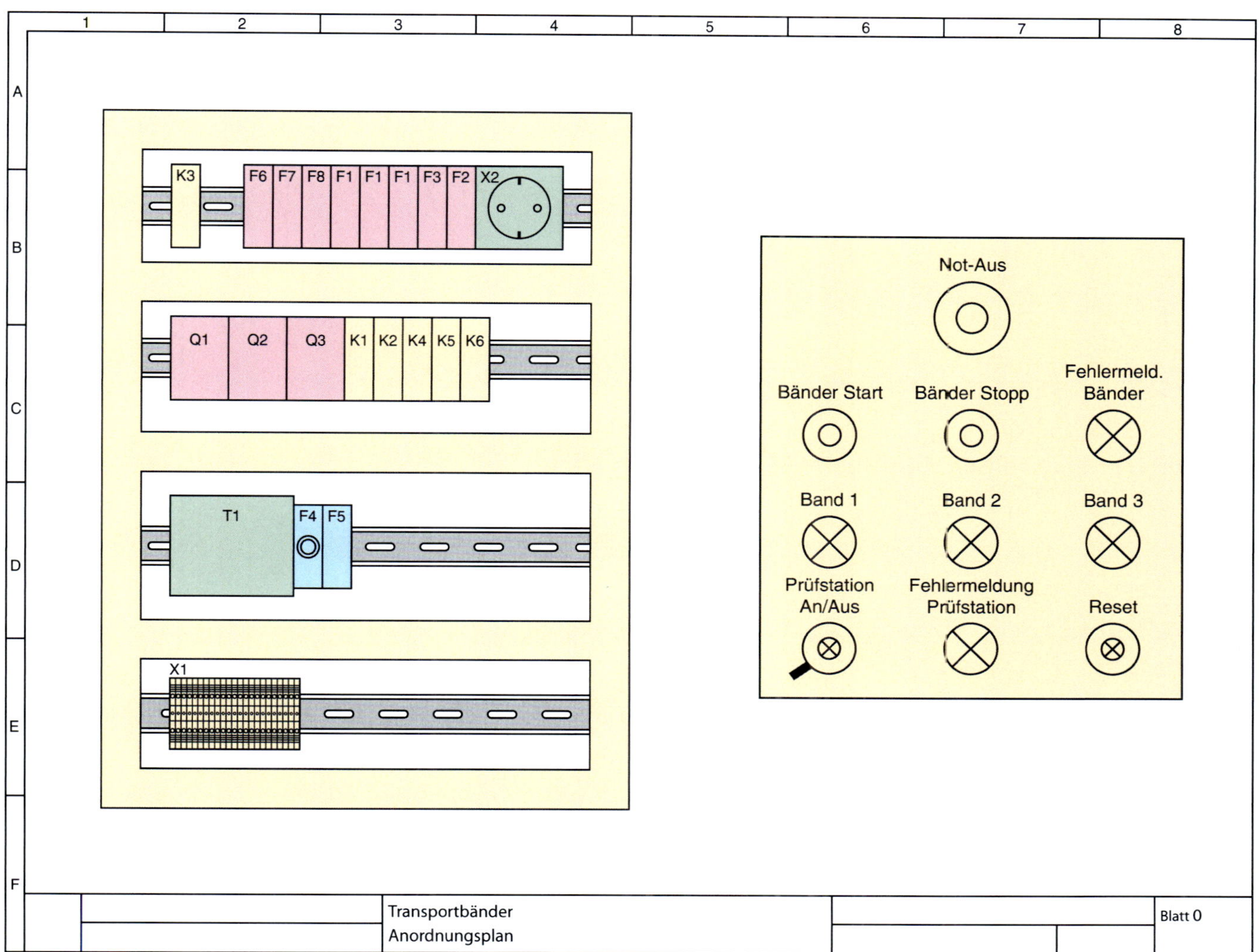

Erweiterung von Schaltschrank und Bedienteil

Anzahl	Bezeichnung	Daten
1	Pneumatikzylinder	doppelt wirkend, beidseitig einstellbare Endlagendämpfung
1	Wartungseinheit	Öler, 0 bis 10 bar; Wasserabscheider
1	5/2-Wegeventil	Magnetventil
1	3/2-Wegeventil	Tasthebel
2	Drossel-Rückschlagventil	Zylindermontage
3	Schalldämpfer	
1	Kapazitiver Näherungssensor	PSM-40C, NO
2	Positionsschalter	Reed, 10 bis 30 V, NO

Stückliste Pneumatik

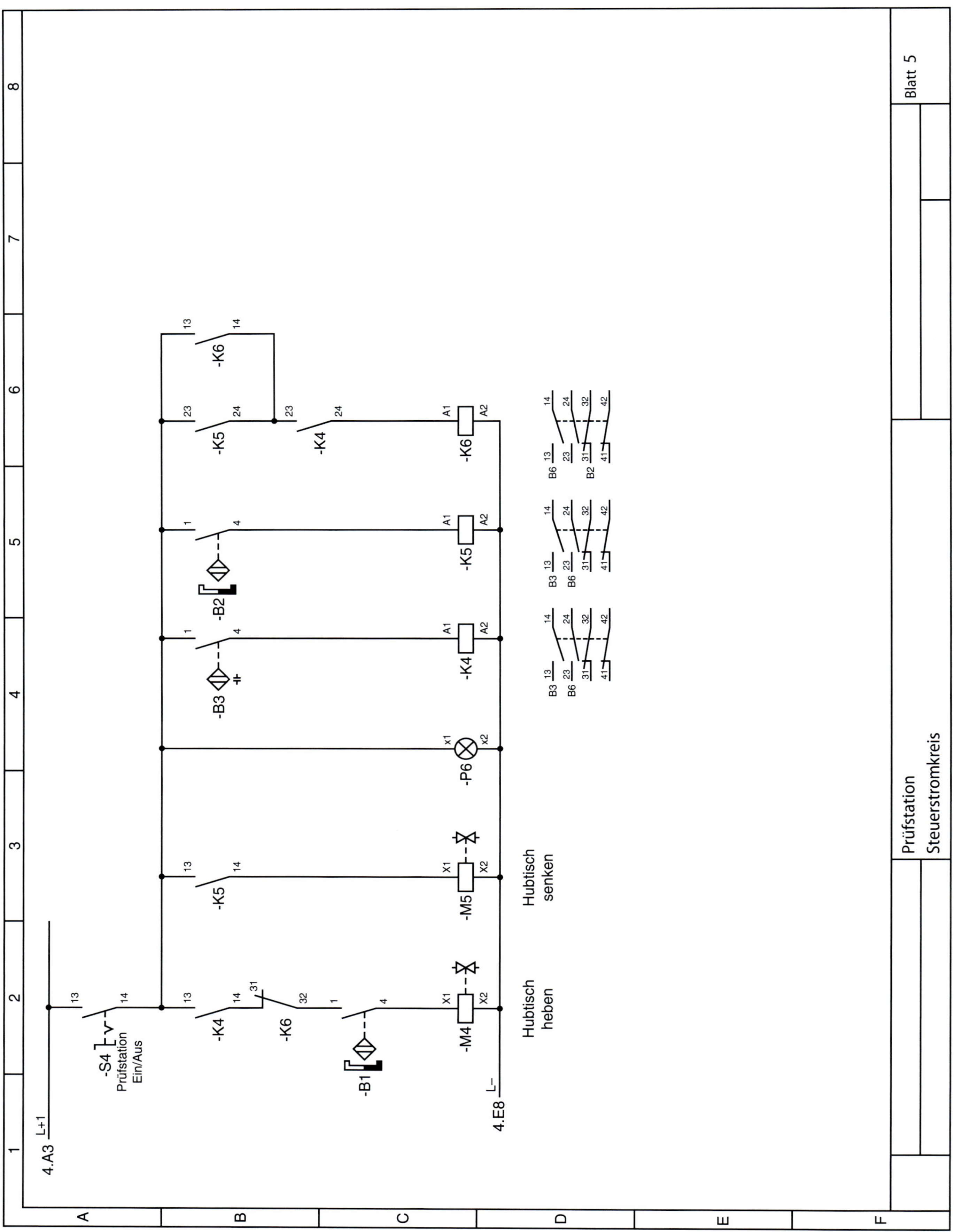

Steuerstromkreis der Hubeinrichtung (der Prüfstation)

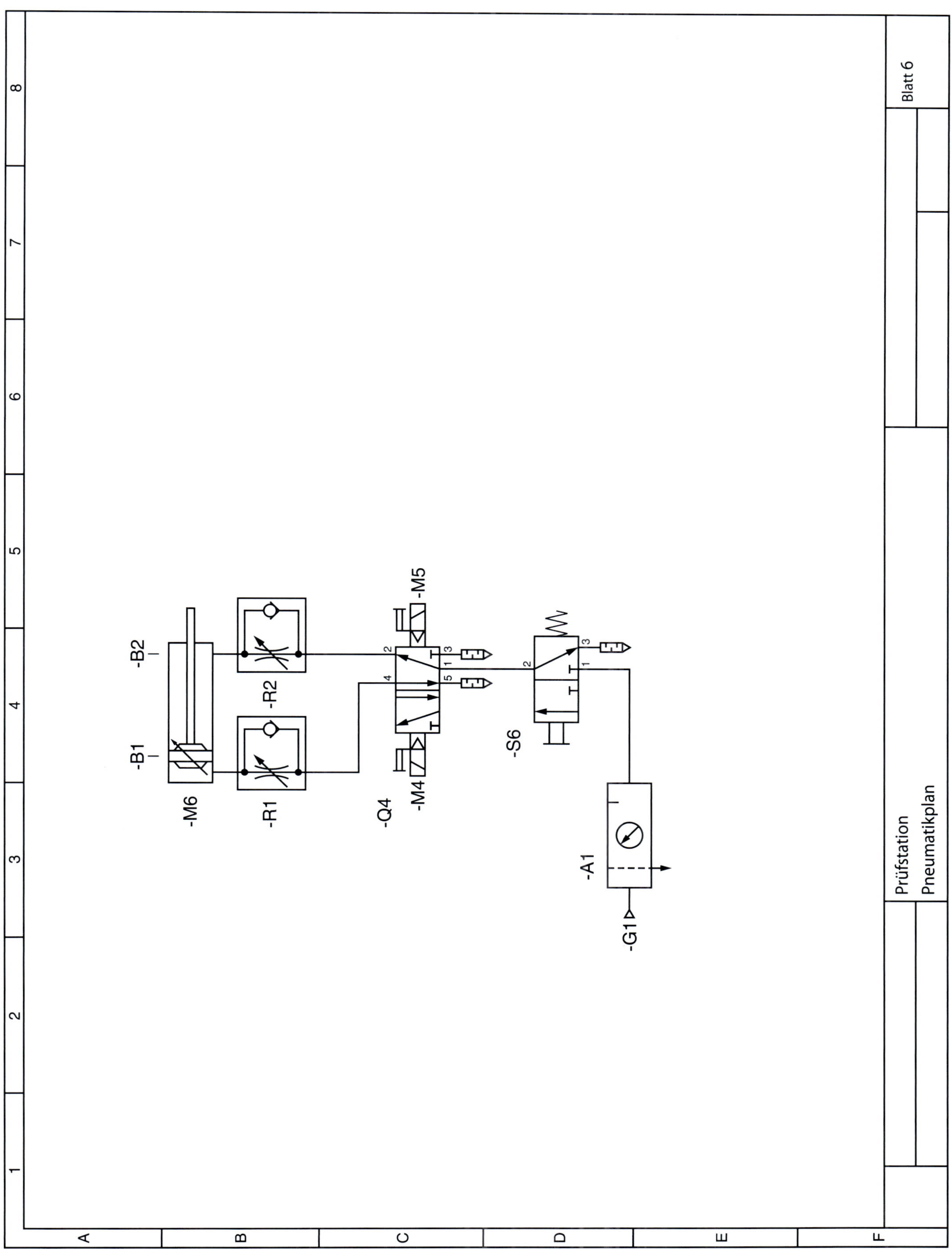

Pneumatikplan der Hubeinrichtung

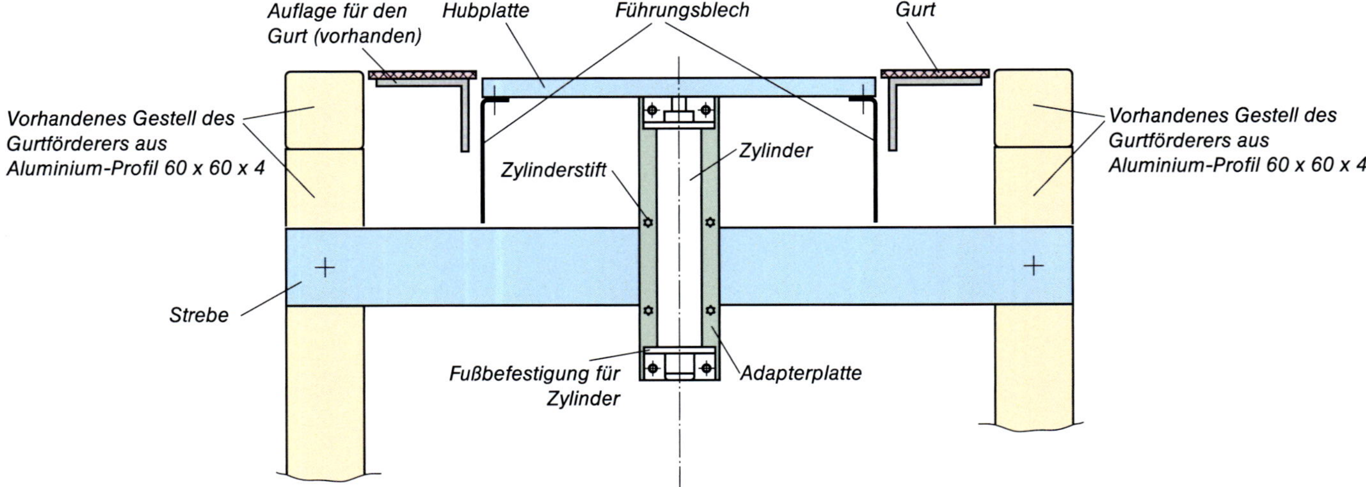

Bandförderer mit Hubeinheit

Adapterplatte

S235JR, Materialstärke 10 mm

4 Bohrungen 6H7 zum Einpressen der Passstifte (Passstifte als Verdrehsicherung)

Gewindebohrung M8 zur Befestigung an der Strebe

4 Gewindebohrungen M6 zur Befestigung der beiden Haltewinkel für den Pneumatikzylinder

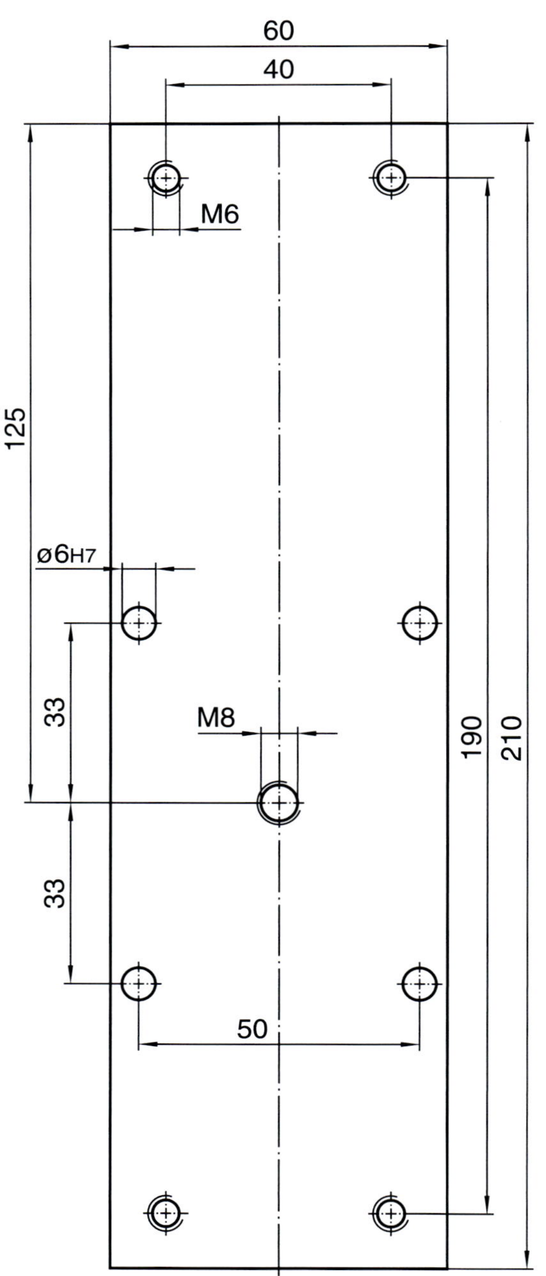

Arbeitsplan	Werkstück: Adapterplatte	Werkstoff: S235JR	
Lfd. Nr.	Arbeitsschritt	Bereitstellung Werkzeuge, Betriebsmittel und Hilfsmittel	Technische Daten
1	Profil 60 mm × 10 mm auf Länge 210 mm absägen	Maschinensäge	Drehzahl: 30 1/min
2	Schnittkanten engraten	Flachfeile Hieb 3	
3	Anreißen aller Bohrungen	Höhenanreißer, Anreißplatte, Prisma	
4	Schnittpunkte der Anrissstriche ankörnen	Hammer und Körner	
5	Kernloch für Gewinde M6 bohren	HSS-Bohrer, Durchmesser 5,2 mm, Kühlschmiermittel	Drehzahl: 1500 1/min
6	Kernloch für Gewinde M8 bohren	HSS-Bohrer, Durchmesser 6,8 mm, Kühlschmiermittel	Drehzahl: 1100 1/min
7	Bohrung für das Passmaß 6H7 vorbohren	HSS-Bohrer, Durchmesser 5,7 mm, Kühlschmiermittel	Drehzahl: 1500 1/min
8	Bohrungen entgraten	Kegelsenker 90°, Durchmesser: 10,4 mm	Drehzahl: max. 100 1/min
9	Gewinde M6 schneiden	Gewindebohrer M6, Windeisen, Schneidöl	
10	Gewinde M8 schneiden	Gewindebohrer M8, Windeisen, Schneidöl	
11	Bohrung 6 H7 reiben	Maschinen-Reibahle 6H7, Schneidöl	Drehzahl: max. 100 1/min
12	Überprüfen aller Längenmaße und Winkel	Stahllineal, Länge 300 mm und Anschlagwinkel	
Qualitätskontrolle, Prüfmittel: Stahllineal Länge: 300 mm, Messschieber und Anschlagwinkel			

Arbeitsplan	Werkstück: Strebe	Werkstoff: AlMg3	
Lfd. Nr.	Arbeitsschritt	Bereitstellung Werkzeuge, Betriebsmittel und Hilfsmittel	Technische Daten
1	Schnittkante anreißen, Länge 600 mm	Stahllineal Länge 1000 mm, Anschlagwinkel	
2	Werkstück nach Anriss absägen	Handsäge	
3	Schnittkanten entgraten	Flachfeile Hieb 3	
4	Anreißen aller Bohrungen	Höhenanreißer, Stahllineal Länge 1000 mm, Reißnadel	
5	Schnittpunkte der Anrissstriche ankörnen	Hammer und Körner	
6	Durchgangsbohrungen Durchmesser 6,5 bohren	HSS-Bohrer, Durchmesser 6,5 mm, Kühlschmiermittel	Drehzahl: 2200 1/min
7	Durchgangsbohrungen Durchmesser 8,5 bohren	HSS-Bohrer, Durchmesser 8,5 mm, Kühlschmiermittel	Drehzahl: 1500 1/min
8	Bohrungen entgraten	Kegelsenker 90°, Durchmesser: 10,4 mm	Drehzahl: max. 100 1/min
9	Überprüfen aller Längenmaße und Winkel	Stahllineal, Länge 300 mm und Anschlagwinkel	
Qualitätskontrolle Prüfmittel: Stahllineal Länge: 1000 mm, Messschieber und Anschlagwinkel			

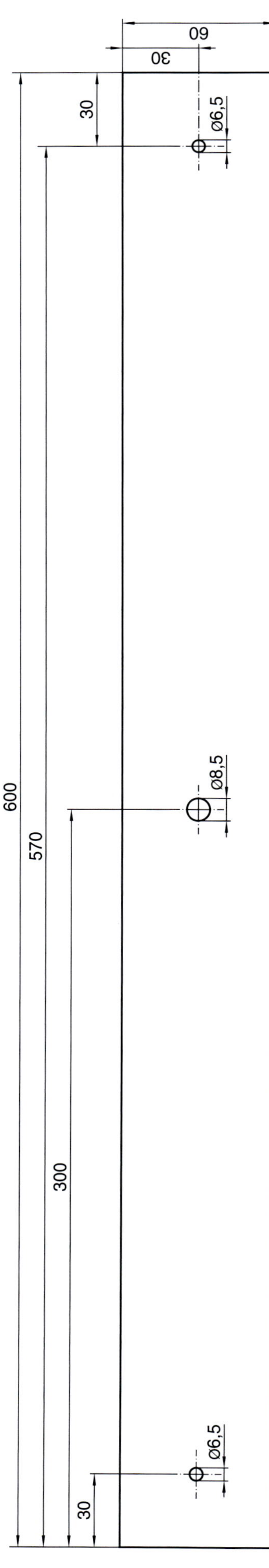

Strebe

Aluminium AlMg3, Materialstärke 10 mm

2 Bohrungen 6,5 mm zur Montage am Gestell des Gurtförderers, Verbindung durch Innensechskantschrauben und Nutenstein

Durchgangsbohrung 8,5 mm zur Befestigung der Adapterplatte

Hubplatte

Aluminium AlMg3, Materialstärke 15 mm

6 Gewindebohrungen M4 zur Befestigung der beiden Führungsbleche

Gewindebohrung M10 x 1,15 zur Befestigung der Zylinderstange

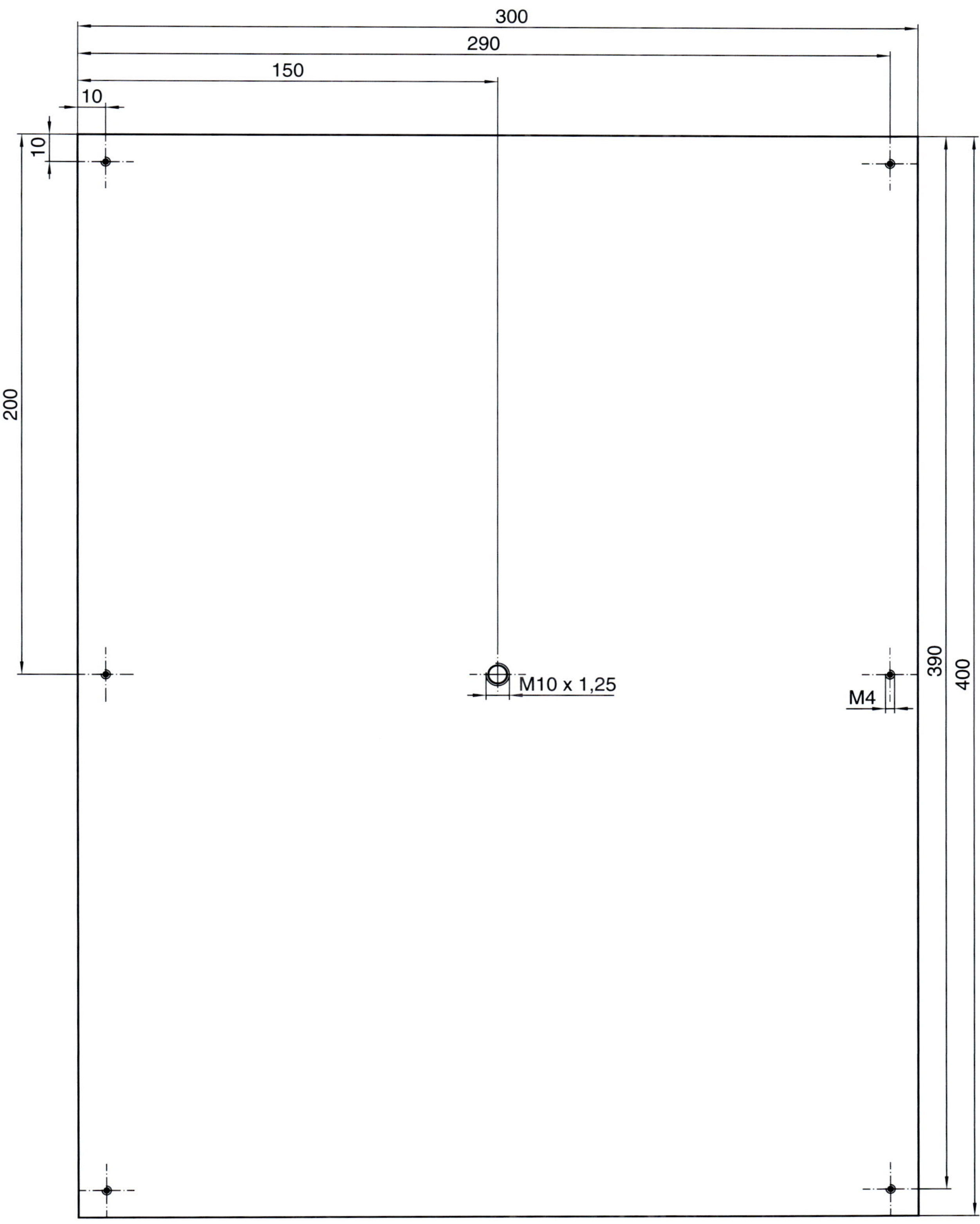

Arbeitsplan	Werkstück: Hubplatte	Werkstoff: AlMg3	
Lfd. Nr.	Arbeitsschritt	Bereitstellung Werkzeuge, Betriebsmittel und Hilfsmittel	Technische Daten
1	Profil 300 mm × 15 mm auf Länge 400 mm absägen	Maschinensäge	
2	Schnittkanten engraten	Flachfeile Hieb 3	
3	Anreißen aller Bohrungen	Höhenanreißer, Prisma und Anreißplatte	
4	Schnittpunkte der Anrissstriche ankörnen	Hammer und Körner	
5	Kernloch für Gewinde M4 bohren	HSS-Bohrer, Durchmesser 3,2 mm, Kühlschmiermittel	Drehzahl: 4400 1/min
6	Kernloch für Gewinde M10 × 1,25 bohren	HSS-Bohrer, Durchmesser 8,8 mm, Kühlschmiermittel	Drehzahl: 1600 1/min
7	Bohrungen entgraten	Kegelsenker 90°, Durchmesser: 10,4 mm	max. 100 1/min
8	Gewinde M4 schneiden	Gewindebohrer M4, Windeisen, Schneidöl	
9	Gewinde M10 × 1,25 schneiden	Gewindebohrer M10 × 1,25, Windeisen, Schneidöl	
10	Überprüfen aller Längenmaße und Winkel	Stahllineal, Länge 500 mm und Anschlagwinkel	
Qualitätskontrolle Prüfmittel: Stahllineal Länge: 500 mm, Messschieber und Anschlagwinkel			

Arbeitsplan	Werkstück: Führungsblech	Werkstoff: X5CrNi18 – 10	
Lfd. Nr.	Arbeitsschritt	Bereitstellung Werkzeuge, Betriebsmittel und Hilfsmittel	Technische Daten
1	Blech zuschneiden 400 mm × 107 mm × 1,5 mm	Tafelschere	
2	Schnittkanten entgraten	Flachfeile Hieb 3	
3	Anreißen aller Bohrungen und der Biegekante	Höhenanreißer, Anreißplatte, Prisma	
4	Schnittpunkte der Anrissstriche ankörnen	Hammer und Körner	
5	Durchgangsbohrungen Durchmesser 4,5 bohren	HSS-Bohrer, Durchmesser 4,5 mm, Kühlschmiermittel	Drehzahl: 1400 1/min
6	Bohrungen entgraten	Kegelsenker 90°, Durchmesser: 10,4 mm	Drehzahl: 100 1/min
7	Blechzuschnitt im 90°-Winkel kanten	Schwenkbiegemaschine	
8	Überprüfen aller Längenmaße und Winkel	Stahllineal, Länge 500 mm und Anschlagwinkel	
Qualitätskontrolle Prüfmittel: Stahllineal Länge: 500 mm, Messschieber und Anschlagwinkel			

2 Führungsbleche

Edelstahl 1.4301, Blechstärke 1,5 mm

Im 90°-Winkel gekantet

Durchgangsbohrungen 4,4 mm zur Befestigung

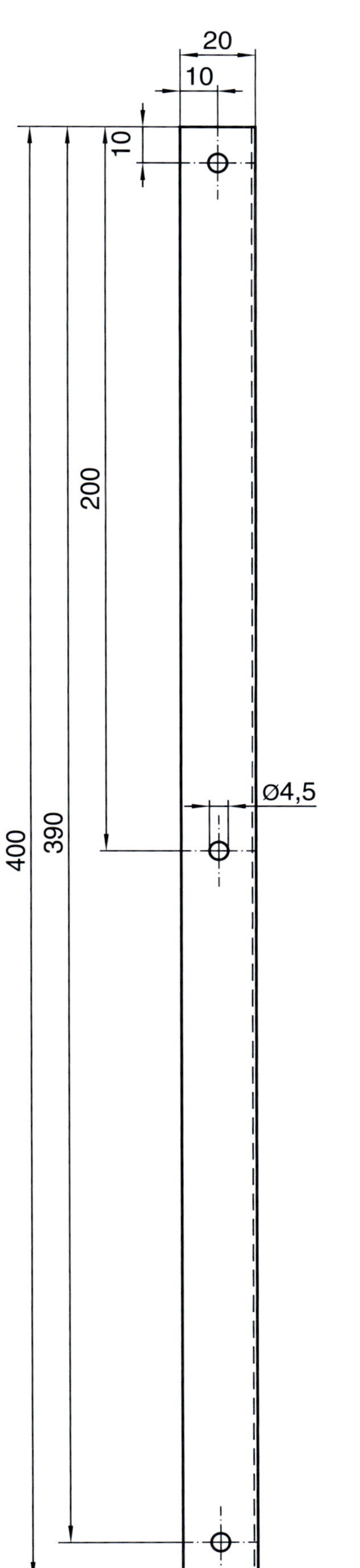

Stückliste **Baugruppe Gurtfördererweiterung**

Pos.	Stück	Einheit	Benennung	Normblatt	Bemerkungen
1	1	Stück	Strebe		AlMg3
2	1	Stück	Adapterplatte		S235JRG1+C
3	1	Stück	Hubplatte		AlMg3
4	2	Stück	Führungsblech		X5CrNi18-10
5	1	Stück	Pneumatikzylinder		C85N 25 - 100
6	2	Stück	Fußbefestigung		C85L 25 AB
7	2	Stück	Sechskantmutter	ISO 4035 - A M22 × 1,5	10
8	2	Stück	Nutenstein M6		St, verzinkt
9	4	Stück	Zylinderstift	ISO 8734 - B 6 × 20	St
10	4	Stück	Zylinderschraube mit Innensechskant	ISO 4762 - M6 × 16	6.8
11	2	Stück	Zylinderschraube mit Innensechskant	ISO 4762 - M6 × 20	6.8
12	1	Stück	Zylinderschraube mit Innensechskant	ISO 4762 - M8 × 25	6.8
13	1	Stück	Scheibe	ISO 7090 - 8	200 HV
14	1	Stück	Federring M8	DIN 128 - 8	Fst
15	1	Stück	Sechskantmutter	ISO 4035 - A M10 × 1,25	10
16	1	Stück	Scheibe	ISO 7090 - 10	200 HV
17	6	Stück	Zylinderschraube mit Innensechskant	ISO 4762 - M4 × 12	6.8
18	6	Stück	Scheibe	ISO 7090 - 4	200 HV
19	2	Stück	Scheibe	ISO 7090 - 6	200 HV

Montageplan

Lfd. Nr.	Arbeitsschritt	Bereitstellung Werkzeuge, Betriebsmittel und Hilfsmittel	Position in der Stückliste
1	Einpressen der Zylinderstifte in die Adapterplatte	Hammer, feste Unterlage	2, 9
2	Pneumatikzylinder auf Adapterplatte montieren	Innensechskantschlüssel SW 5, Gabelschlüssel SW 32	2, 5, 6, 7, 10
3	Hubplatte an Zylinderstange befestigen und sichern	Gabelschlüssel SW 17	3, 5, 15, 16
4	Führungsbleche an Hubplatte montieren	Innensechskantschlüssel SW 3	2, 4, 17, 18
5	Strebe an Bandförderergestell befestigen	Innensechskantschlüssel SW 5, Anschlagwinkel, Stahllineal, Wasserwaage	1, 8, 11, 19
6	Adapterplatte an Strebe befestigen	Innensechskantschlüssel SW 6	1, 2, 12, 13, 14

Bei den Arbeitsschritten 2, 3, 4 und 6 werden in der Auflistung der Positionen die vorherigen Schritte nicht berücksichtigt. Die vormontierten Bauteile werden nicht aufgeführt.

01

Welches der angegebenen Metalle ist kein Schwermetall?

1. Nickel
2. Chrom
3. Aluminium
4. Kobalt
5. Zink

02

Was bedeutet die Angabe S235JR?

1. Maschinenbaustahl, Streckgrenz 235 N/mm², Kerbschlagarbeit 27 J bei 20°.
2. Maschinenbaustahl, Streckgrenz 235 N/mm², Kerbschlagarbeit 27 J bei 35°.
3. Stähle für Stahlbau, Streckgrenz 235 N/mm², Kerbschlagarbeit 27 J bei 20°.
4. Stähle für Stahlbau, Streckgrenz 27 J, Kerbschlagarbeit 235 N/mm².
5. Stähle für Stahlbau, Kohlenstoffgehalt 23,5 %, Kaltumformbarkeit 27 J.

03

Worin besteht die größte Unfallgefahr bei der Arbeit mit Ständerbohrmaschinen?

1. Wenn der Bohrer nicht ausreichend geschärft wurde.
2. Wenn die eingestellte Drehzahl zu groß ist.
3. Wenn die eingestellte Drehzahl zu klein ist.
4. Bei unzulässigem Spannen des Werkstücks.
5. Bei zu geringem Bohrervorschub.

04

Welche Aussage über eine Schraubensicherung ist zutreffend?

1. Bei jeder Schraubverbindung ist eine Schraubensicherung notwendig.
2. Schraubensicherungen wirken durch stoffschlüssige Verbindung der Verschraubung.
3. Schraubensicherungen sind nur bei Kunststoffschrauben notwendig.
4. Ein unerwünschtes Lösen einer Schraubverbindung wird verhindert oder erschwert.
5. Bei Schraubensicherungen wird ausschließlich Klebstoff eingesetzt.

05

Eine Schraube wird mit einer Handkraft von 75 N angezogen, wirksame Hebellänge 325 mm.

Wie groß ist das Drehmoment?

1. 24,4 Nm
2. 28 125 Nm
3. 231 Nm
4. 36,2 Nm
5. 42,6 Nm

06

Ein Körper mit der Masse 0,75 kg soll um 11,6 m angehoben werden.

Welche Hubarbeit wird verrichtet?

$g = 9{,}81\ \frac{m}{s^2}$

1. $W = 7{,}36$ Nm
2. $W = 854$ Nm
3. $W = 85{,}4$ Nm
4. $W = 102{,}6$ Nm
5. $W = 112{,}4$ Nm

07

Welche der angegebenen Zeitabschnitte entspricht der halben Periodendauer *T*?

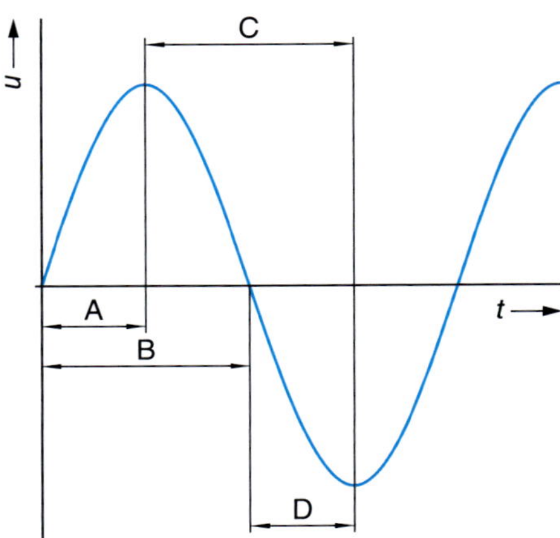

1. A und D
2. B und C
3. A
4. D
5. keiner

08

Welche Aussage gilt für ein monostabiles Relais?

1. Hat doppelt unterbrechende Kontakte.
2. Rückfall der Kontakte durch Federkraft.
3. Ist ein Remanenzrelais.
4. Zählt zu den Reedrelais.
5. Nur für Spulenspannungen von 230 V AC.

09

Welche Antwort zum Begriff Schränken ist richtig?

1. Schränken bestimmt die Feinheit des Sägeblatts.
2. Schränken wird beim Bearbeiten harter Werkstoffe bei Sägeblättern angewendet.
3. Schränken wird beim Bearbeiten weicher Werkstoffe bei Sägeblättern angewendet.
4. Schränken kann in der Metallbearbeitung nicht eingesetzt werden.
5. Geschränkte Sägeblätter neigen zum Haken.

10

Um welches Netzsystem handelt es sich bei der Darstellung?

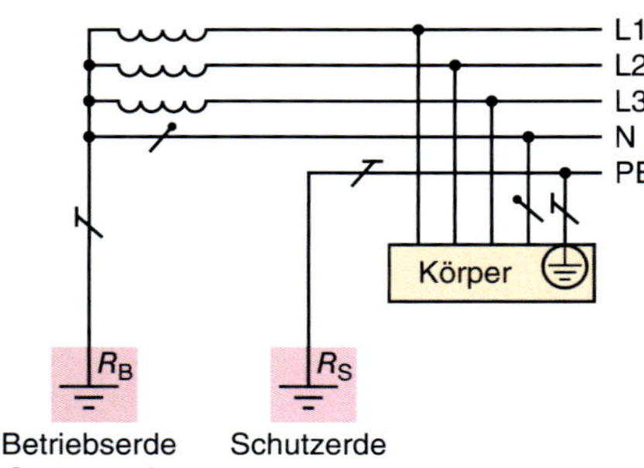

1. IT-System
2. TT-System
3. TN-C-System
4. TN-C-S-System
5. TN-S-System

11

Welche Aufgabe erfüllt die Pneumatikschaltung?

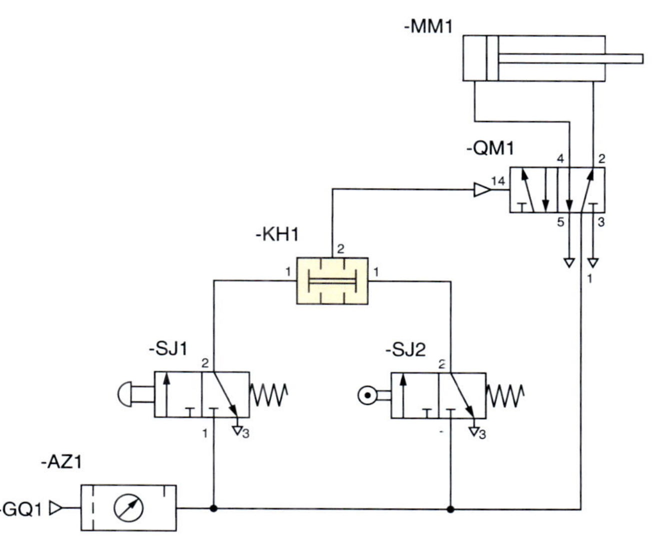

1. ODER-Verknüpfung
2. UND-Verknüpfung
3. NAND-Verknüpfung
4. Antivalenz
5. Äquivalenz

12

Wie groß soll die Bearbeitungszugabe beim Reiben sein?

1. 0,1 bis 0,2 mm
2. 0,1 bis 0,5 mm
3. 0,5 bis 1 mm
4. 1 bis 2,5 mm
5. bis 5 mm

13

Auf einer Schraube steht die Angabe 8.8.

Was bedeutet das?

1. $R_m = 800\ N/mm^2$, $R_e = 8\ N/mm^2$
2. $R_m = 800\ N/mm^2$, $R_e = 640\ N/mm^2$
3. $R_m = 8\ N/mm^2$, $R_e = 8\ N/mm^2$
4. $R_m = 80\ N/mm^2$, $R_e = 80\ N/mm^2$
5. $R_m = 8\ N/mm^2$, $R_e = 640\ N/mm^2$

14

Welche Aussage trifft auf die Schutzklasse I zu?

1. Die Bemessungsspannung des Verbrauchsmittels darf maximal 50 V AC betragen.
2. Die Bemessungsspannung des Verbrauchsmittels darf maximal 120 V DC betragen.
3. Eine gefährliche Berührungsspannung kann nicht auftreten.
4. Schutz durch automatische Abschaltung der Stromversorgung.
5. Schutz durch verstärkte und doppelte Isolierung.

15

Was ist *keine* Grundfunktion eines mechanischen Systems?

1. Wandeln
2. Transformieren
3. Führen
4. Spannen
5. Koppeln

16

Zu welchem Betriebsmittel gehört die Kennlinie?

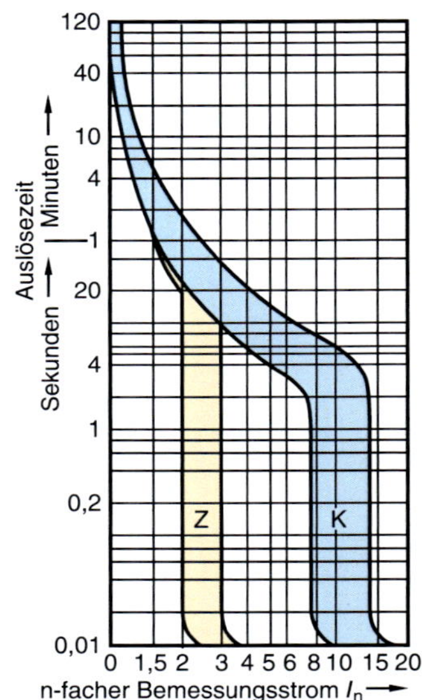

(1) Schmelzsicherung

(2) Leitungsschutzschalter

(3) Motorschutzrelais

(4) Motorschutzschalter

(5) Überspannungsschutzrelais

17

Welche Aussage ist richtig?

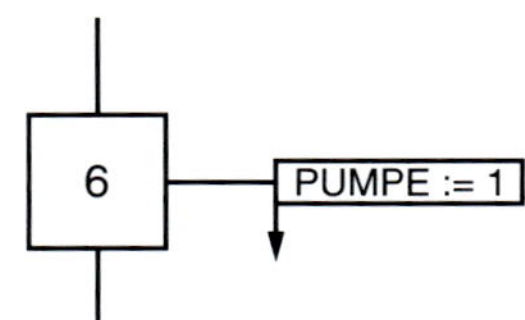

(1) Schritt 6 schaltet die Pumpe nicht speichernd ein.

(2) Schritt 6 schaltet die Pumpe speichernd ein.

(3) Bei Deaktivierung von Schritt 6 wird die Pumpe speichernd eingeschaltet.

(4) Bei Deaktivierung von Schritt 6 wird die Pumpe nicht speichernd eingeschaltet.

(5) Schritt 6 schaltet die Pumpe aus.

18

Wie groß ist der Effektivwert der Wechselspannung?

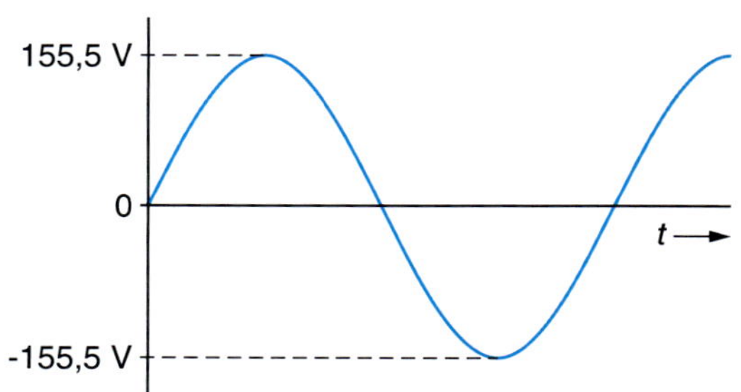

(1) 230 V

(2) 155,5 V

(3) 110 V

(4) 90 V

(5) 72,5 V

19

Um welches Fräsverfahren handelt es sich?

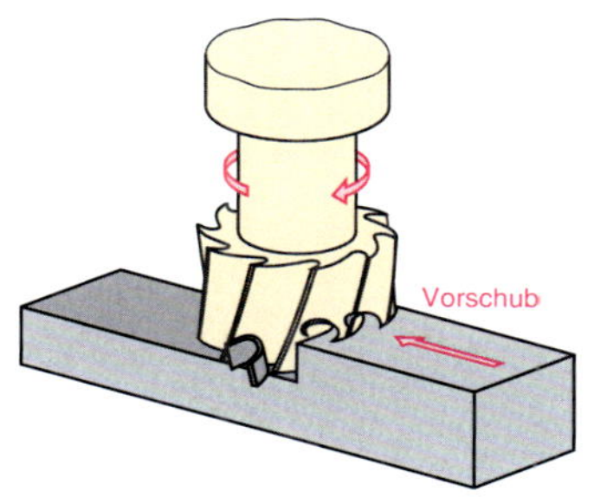

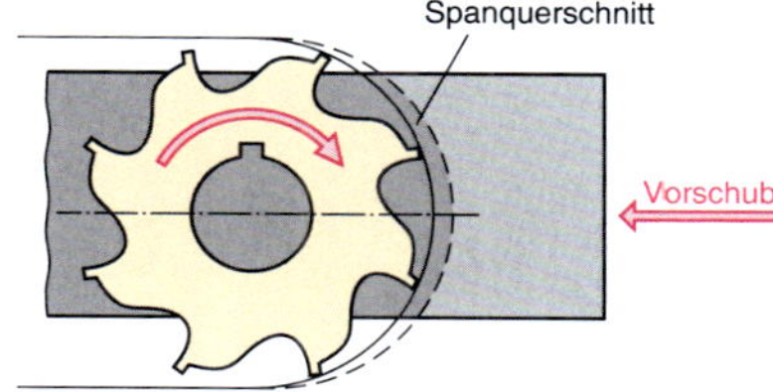

(1) Umfangsfräsen

(2) Stirnfräsen

(3) Gegenlauffräsen

(4) Stirn-Umfangsfräsen

(5) Planfräsen

20

Welche Passungsart ist dargestellt?

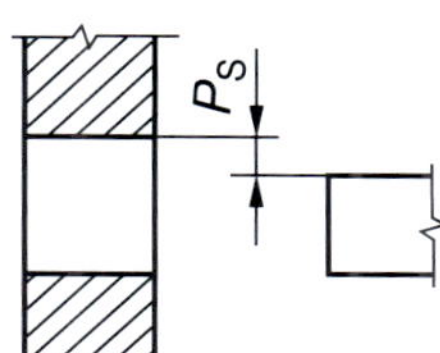

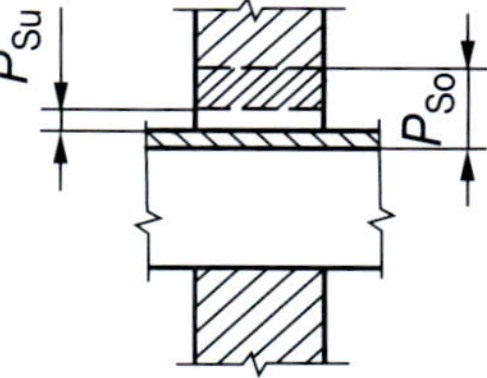

(1) Übergangspassung

(2) Übermaßpassung

(3) Neutralpassung

(4) Spielpassung

(5) Bohrpassung

21

Eine Riemenscheibe mit dem Durchmesser $d = 150$ mm wird mit der Antriebsleistung $P = 4{,}5$ kW angetrieben.
Die Zugkraft am Riemen beträgt $F = 800$ N.

Bestimmen Sie die Drehfrequenz der Riemenscheibe.

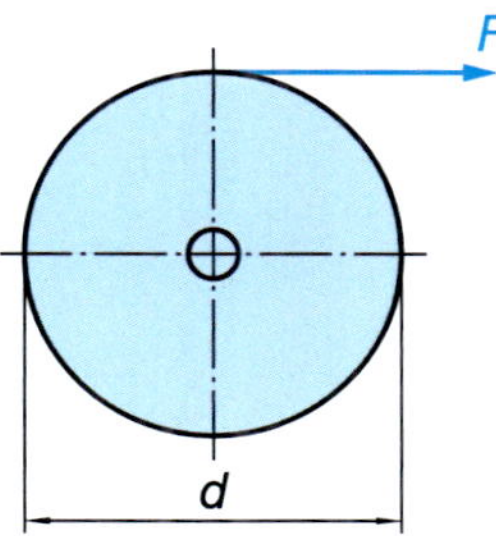

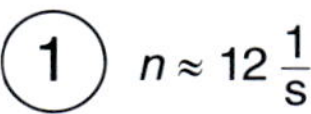

(1) $n \approx 12 \frac{1}{s}$

(2) $n \approx 124 \frac{1}{s}$

(3) $n \approx 18 \frac{1}{s}$

(4) $n \approx 6 \frac{1}{s}$

(5) $n \approx 3{,}2 \frac{1}{s}$

22

Ein Elektromotor hat einen Wirkungsgrad von $\eta_M = 0{,}82$, das hintergeschaltete Getriebe von $\eta_G = 0{,}65$.

Wie groß ist der Gesamtwirkungsgrad?

1. $\eta_G = 0{,}79$
2. $\eta_G = 0{,}98$
3. $\eta_G = 0{,}64$
4. $\eta_G = 0{,}70$
5. $\eta_G = 0{,}533$

23

Welche Aussage macht das dargestellte Zeichen?

1. Warnung vor radioaktiven Stoffen.
2. Warnung vor magnetischem Feld.
3. Warnung vor elektromagnetischer Strahlung.
4. Gehörschutz tragen.
5. Schutzhelm tragen.

24

Dargestellt ist die Wirkung des 50-Hz-Wechselstroms auf den Menschen.

In welchem Fall ist mit mehr als 50-prozentiger Wahrscheinlichkeit mit Herzkammerflimmern zu rechnen?

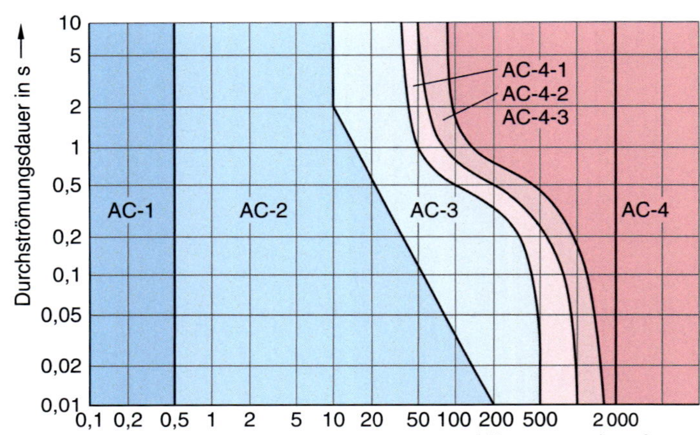

1. Körperstrom 150 mA, Dauer 0,5 s
2. Körperstrom 500 mA, Dauer 0,5 ms
3. Körperstrom 500 mA, Dauer 1 s
4. Körperstrom 50 mA, Dauer 0,5 s
5. Körperstrom 30 mA, Dauer 10 s

25

Welche Grafik zeigt einen digitalen Verlauf?

1. 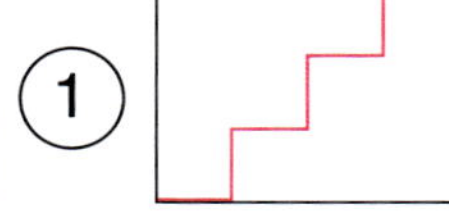
2. 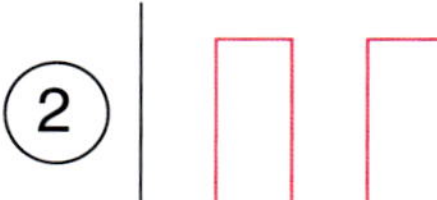
3. 
4. 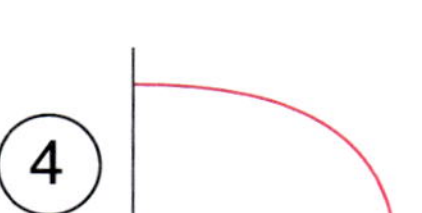
5. 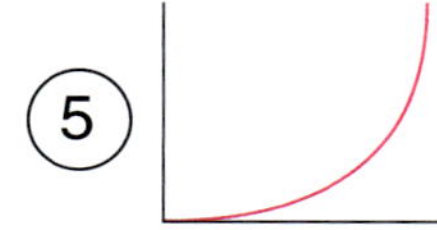

01

Eine Adapterplatte für die Befestigung des Pneumatikzylinders soll hergestellt werden.

Ergänzen Sie den Arbeitsplan.

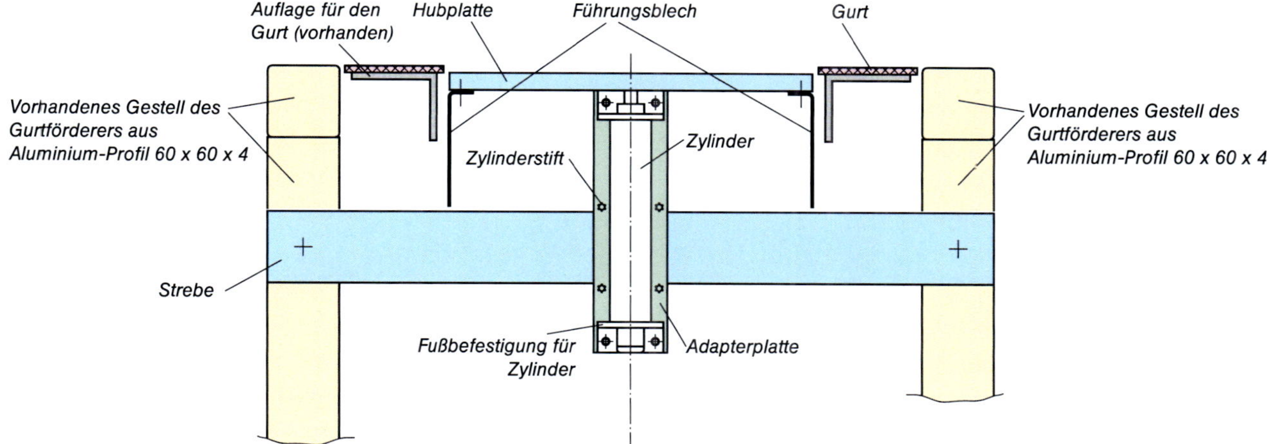

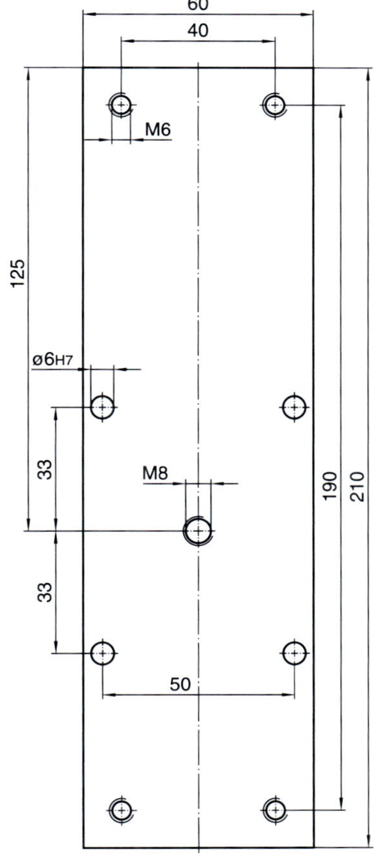

Punkte 10 bis 0

Fortsetzung auf Seite 32.

Fortsetzung von Aufgabe 01.

Arbeitsplan	**Werkstück: Adapterplatte**		**Werkstoff: S235JR**
Lfd. Nr.	Arbeitsschritt	Bereitstellung Werkzeuge, Betriebsmittel und Hilfsmittel	Technische Daten
1	Profil 60 mm × 10 mm auf Länge 210 mm absägen	Maschinensäge	Drehzahl: 30 1/min
2		Flachfeile Hieb 3	
3	Anreißen aller Bohrungen		
4		Hammer und Körner	
5	Kernloch für Gewinde M6 bohren		Drehzahl: 1500 1/min
6	Kernloch für Gewinde M8 bohren		Drehzahl: 1100 1/min
7		HSS-Bohrer, Durchmesser 5,7 mm, Kühlschmiermittel	Drehzahl: 1500 1/min
8	Bohrungen entgraten		
9	Gewinde M6 schneiden		
10	Gewinde M8 schneiden		
11			Drehzahl: max. 100 1/min
12	Überprüfen aller Längenmaße und Winkel		
Qualitätskontrolle, Prüfmittel: Stahllineal Länge: 300 mm, Messschieber und Anschlagwinkel			

02

Eine Welle rotiert mit der Drehzahl n=1440 1/min. Die Wellenleistung beträgt 1,1 kW.

Welches Drehmoment wird an der Welle abgegeben?

Punkte
10 bis 0

03

Kolbendurchmesser 25 mm,
Kolbenstangendurchmesser 10 mm,
Überdruck p_e = 4 bar, Wirkungsgrad 80 %.

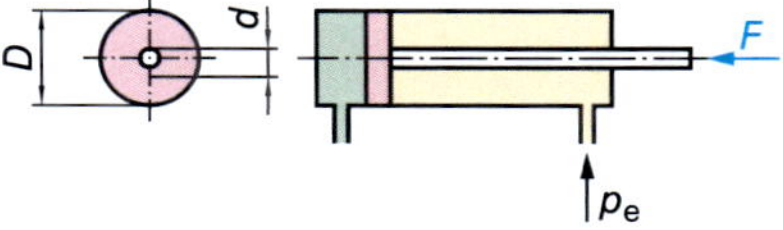

Wie groß ist die Kolbenkraft beim Einfahren?

Fortsetzung auf Seite 34.

Fortsetzung von Aufgabe 03.

Punkte
10 bis 0

04

Fehlerstromkreis durch den menschlichen Körper.

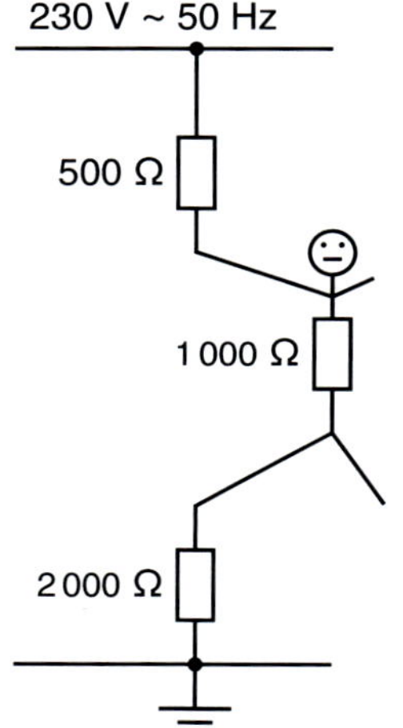

1. Welcher Strom fließt durch den menschlichen Körper?

2. Welche Berührungsspannung tritt dabei am menschlichen Körper auf?

3. Welche Gefährdung tritt für den Menschen ein, wenn der Strom 20 s auf den menschlichen Körper einwirkt?

4. Was versteht man unter Zusatzschutz?

Punkte
10 bis 0

05

Danger! Dangerous electrical voltage!

- Disconnect the power supply of the device.
- Verify insulation from the supply.
- Connect to earth and short circuit.
- Cover the fence of neighbouring live parts.
- Before installation and before touching the device ensure that you are free of electrostatic charge.

Übersetzen Sie den Text.

Punkte
10 bis 0

06

In einem älteren Schaltschrank ist die Servicesteckdose mit einem B16-Leitungsschutzschalter geschützt. Schutzmaßnahme ist die automatische Abschaltung der Stromversorgung mithilfe von Überstrom-Schutzeinrichtungen.

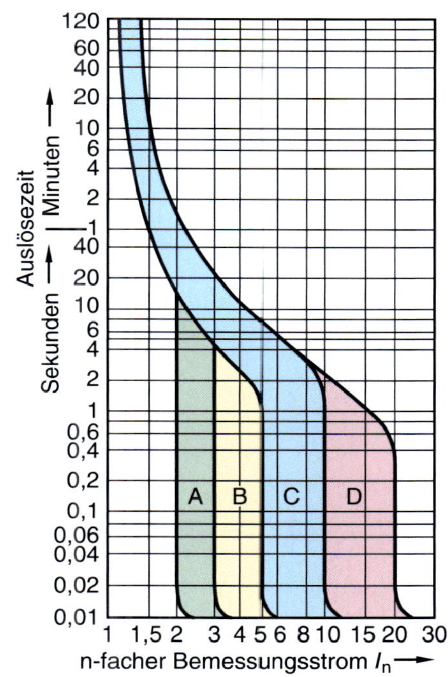

1. Welcher Fehlerstrom muss mindestens fließen, damit der B16-LS-Schalter sicher auslöst?

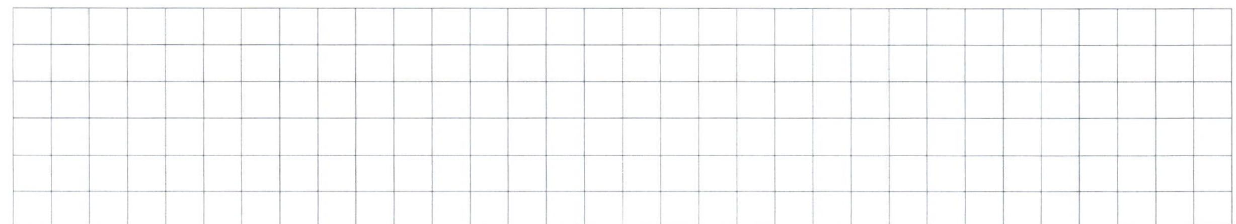

2. Welchen Widerstand darf der Fehlerstromkreis maximal haben, damit der mindest notwendige Fehlerstrom fließen kann?

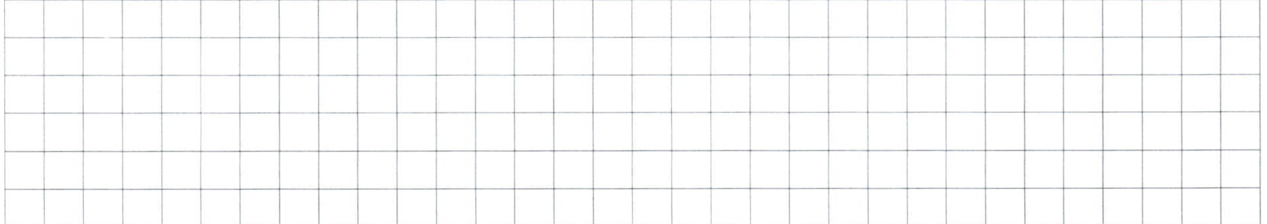

3. Der Servicesteckdose wird ein Strom von 24 A (Überlast) entnommen. Wie lange dauert es höchstens, bis der Leitungsschutzschalter B16 anspricht?

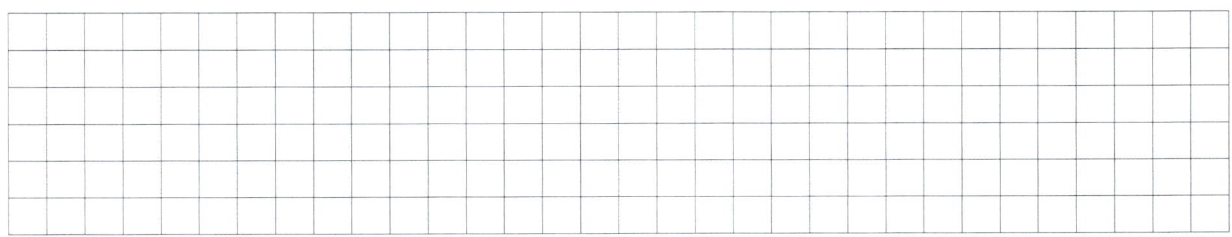

4. Wie ändert sich die Auslösezeit gemäß 3., wenn ein Leitungsschutzschalter mit C-Charakteristik verwendet wird.

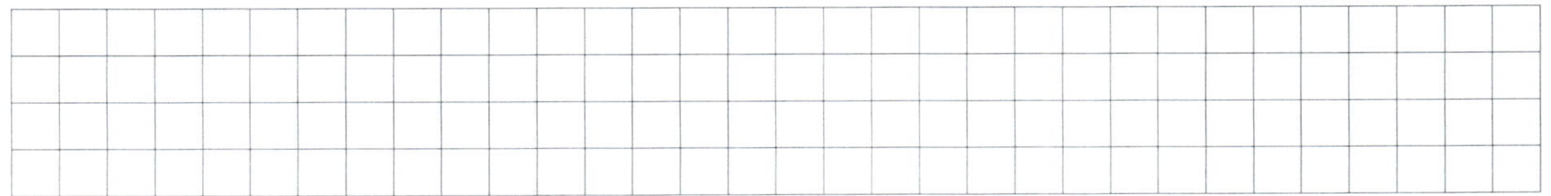

Punkte
10 bis 0

07

Brückenschaltung:
$R_1 = 250\ \Omega$, $R_2 = 750\ \Omega$, $R_3 = 500\ \Omega$.
Der Widerstand (LDR) R_4 wird mit 500 lx beleuchtet.

Wie groß ist die Spannung U_{AB}?

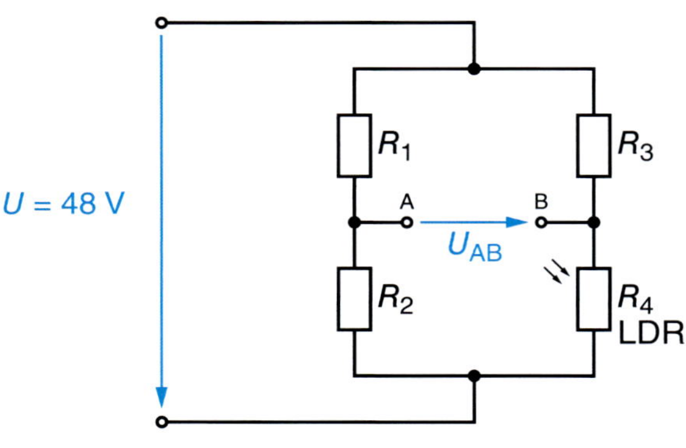

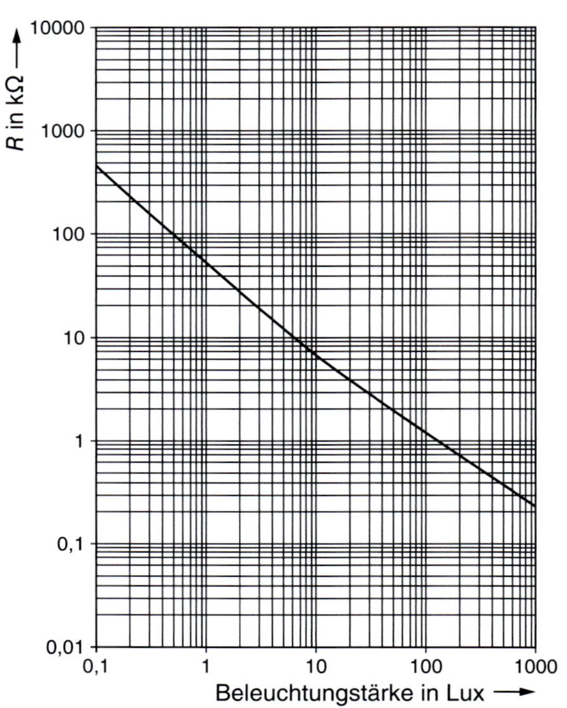

Punkte
10 bis 0

08

Beschreiben Sie die Bedeutung der Sicherheitskennzeichen.

Punkte 10 bis 0

09

Erläutern Sie den Begriff Rückfederung beim Biegen.

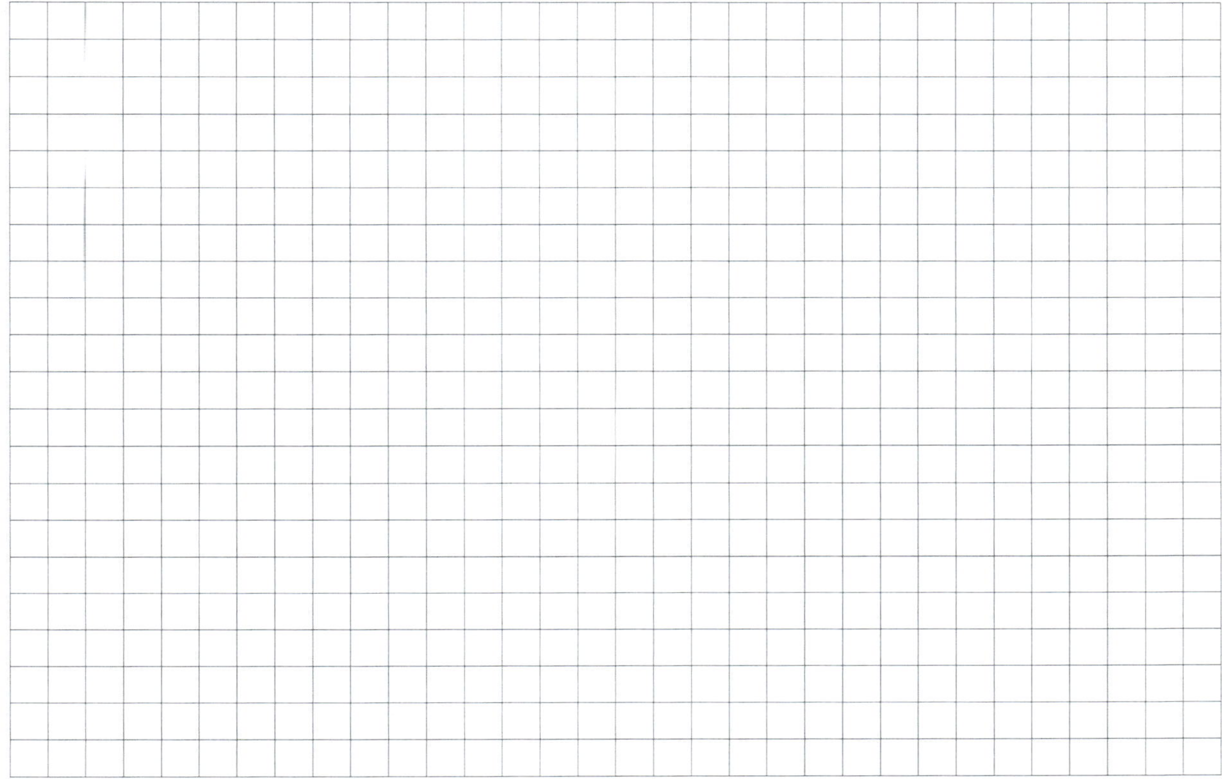

Punkte 10 bis 0

10

Unterscheiden Sie Spielpassung, Übermaßpassung und Übergangspassung.

Punkte
10 bis 0

01

Für den Projektauftrag ist ein Lastenheft zu erstellen.

Welche Aufgabe enthält das Lastenheft *nicht*?

(1) Projektlösungsansätze

(2) Gewährleistungsansprüche

(3) TÜV-Abnahme

(4) Kalkulation

(5) Gefährdungsbereiche

02

In welchen Fall spricht man von einem aktiven Temperaturfühler?

(1) Heißleiter

(2) Kaltleiter

(3) Widerstandsthermometer

(4) PT100

(5) Thermoelement

03

Welches Zeitglied erfüllt die dargestellte Funktion?

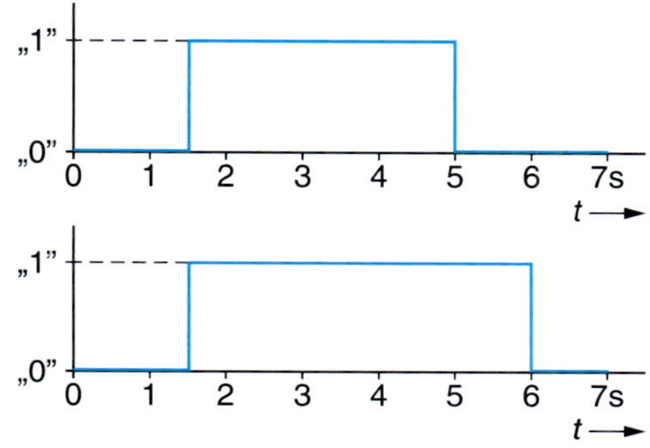

(1) 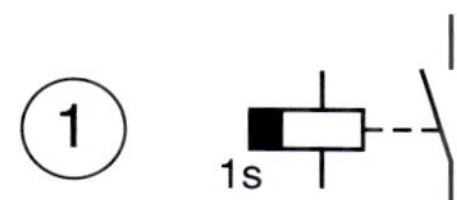

(2) 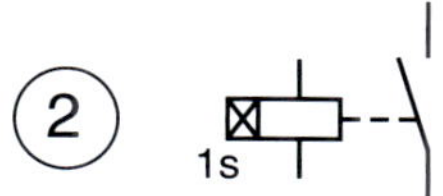

(3) 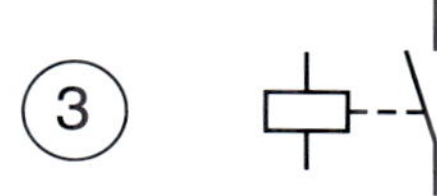

(4) 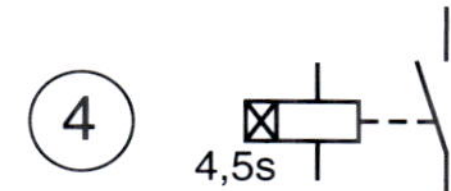

(5) 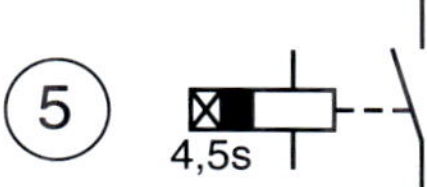

04

Spannungsmessung mithilfe des zweipoligen Spannungsprüfers.
Messung ohne Belastung: 236 V
Messung mit Belastung: 224 V

Welche Aussage ist richtig?

(1) Da die Spannung im Toleranzbereich ± 10 % liegt, ist das Messergebnis in Ordnung.

(2) Spannungsmessungen sind zwingend mit dem Digitalmultimeter durchzuführen.

(3) Die Spannungsmessungen deuten auf einen zu hohen Übergangswiderstand hin.

(4) Die Anzeige von zwei unterschiedlichen Spannungen ist technisch am gleichen Messobjekt nicht möglich.

(5) Der Spannungsunterschied nimmt mit Erhöhung des Leitungsquerschnitts zu.

05

Welcher Widerstand wird vom größten Strom durchflossen?

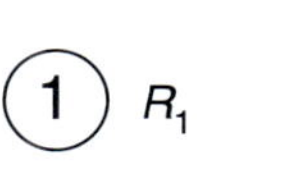

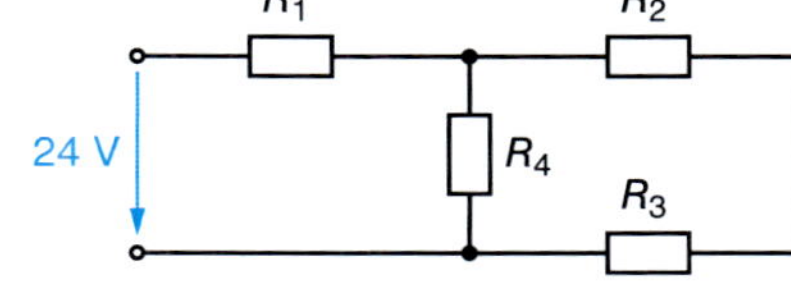

(1) R_1

(2) R_2

(3) R_3

(4) R_4

(5) R_2 und R_3

06

Zu welchem Betriebsmittel gehören die dargestellten Kennlinien?

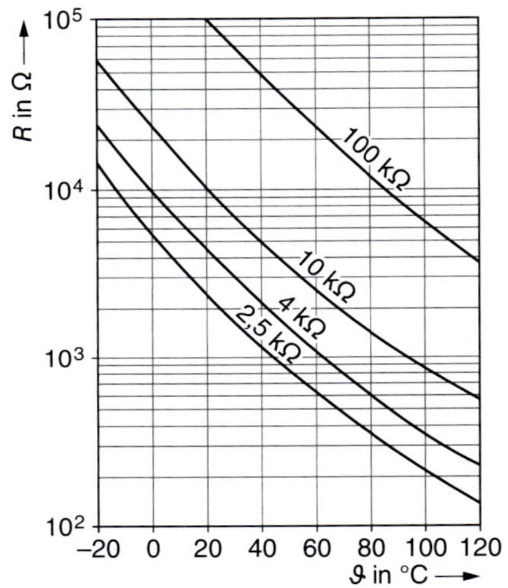

(1) PTC-Widerstand

(2) Kaltleiter

(3) PT 1000

(4) NTC-Widerstand

(5) VDR-Widerstand

07

Das Automatisierungsgerät ist mit Optokopplern ausgestattet.

Welche Aufgabe haben Optokoppler?

(1) Sie dienen der galvanischen Trennung.

(2) Sie verstärken das Signal.

(3) Sie arbeiten als D/A-Wandler.

(4) Sie arbeiten als A/D-Wandler.

(5) Sie bilden logische Verknüpfungen.

08

Für welche Verlustleistung muss der Vorwiderstand R_V mindestens bemessen sein?

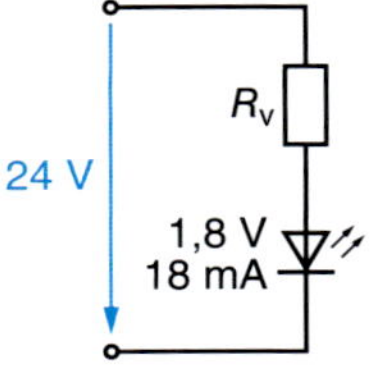

(1) 100 mW

(2) 200 mW

(3) 300 mW

(4) 400 mW

(5) 500 mW

09

Dargestellt ist ein Schütz.

Welche Darstellung entspricht diesem Schütz?

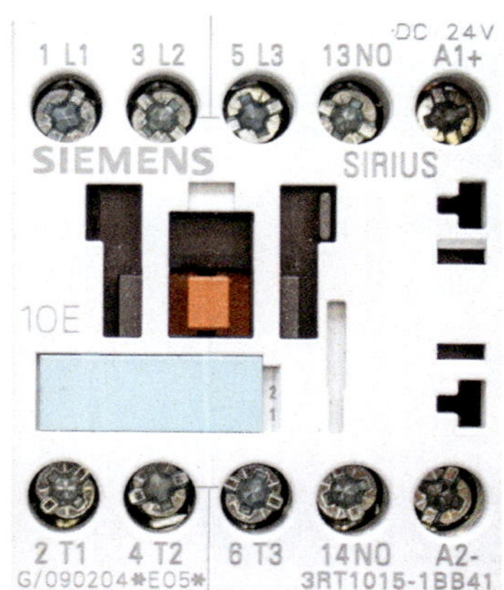

(1) A1 A2 – 1/2, 3/4, 5/6, 11/12

(2) A1 A2 – 11/11, 21/21, 31/31, 43/44

(3) A1 A2 – 13/14, 23/24, 33/34, 43/44

(4) A1 A2 – 1/2, 3/4, 5/6, 13/14

(5) Keine Darstellung entspricht dem Schütz.

10

Dargestellt sind Haupt- und Steuerstromkreis einer Schützschaltung.

Welche Aussage ist falsch?

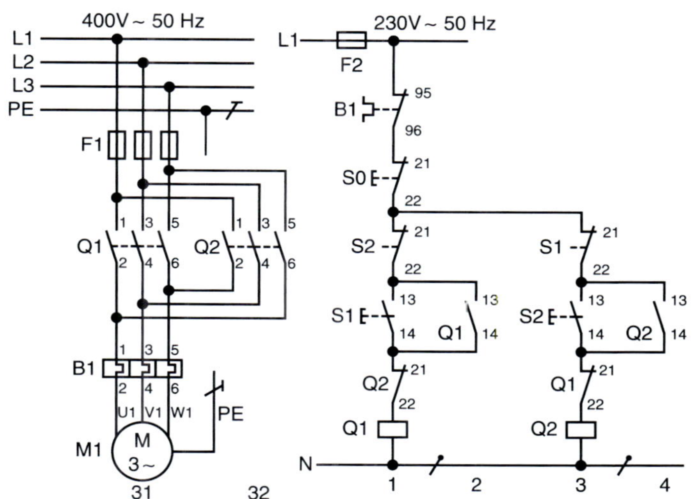

1. Schaltung hat eine Tasterverriegelung.
2. Direktes Umschalten Q1, Q2 möglich.
3. Umschalten Q1, Q2 nur über Aus (S0).
4. Q1 und Q2 sind Hauptschütze.
5. Wenn Q1 angezogen hat, arbeitet der Motor im Rechtslauf.

11

Welches Ventil ist dargestellt?

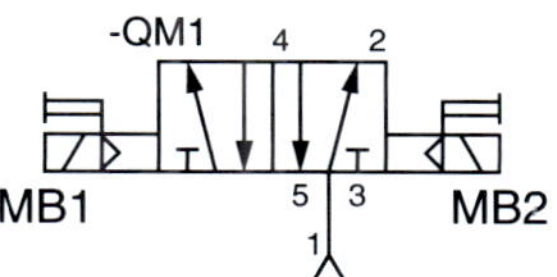

1. Magnetventil mit einseitiger Betätigung und Federrückstellung.
2. 5/3-Wegeventil mit Federrückstellung.
3. 5/2-Wegeventil mit Federrückstellung.
4. 5/2-Wegeventil mit Handhilfsbetätigung und Federrückstellung.
5. 5/2-Wege-Impulsventil mit Handhilfsbetätigung.

12

In welcher Antwort ist *kein* Hauptmerkmal eines Projekts genannt?

1. Einmaligkeit
2. Zielorientierung
3. Verantwortlichkeit eines Einzelnen.
4. Definition von Anfang und Ende.
5. Keine verantwortliche Projektleitung.

13

Eine Schraube hat die Bezeichnung DIN EN ISO 4017. Um welche Schraube handelt es sich?

1. Sechskantschraube, Schaft u.Regelgewinde
2. Sechskantschraube, Regelgewinde bis Kopf
3. Senkschraube mit Innensechskant
4. Blechschraube mit Ringschneide u. Schlitz
5. Kreuzschlitzschraube, Flachkopf

14

An einer Bohrmaschine ist eine Drehzahl von 500 $\frac{1}{\text{min}}$ eingestellt, Bohrerdurchmesser 16 mm.

Wie groß ist die Schnittgeschwindigkeit in m/min?

1. v_C = 37,2 m/min
2. v_C = 31,6 m/min
3. v_C = 25,12 m/min
4. v_C = 16,12 m/min
5. v_C = 9,26 m/min

15

In einem Druckbehälter von 3 m³ Inhalt befindet sich Luft von 27 °C unter 8 bar Überdruck.

Wie groß ist das auf den Normalzustand bezogene Luftvolumen?

1. V_n = 24,57 m³
2. V_n = 27 m³
3. V_n = 16,8 m³
4. V_n = 14,4 m³
5. V_n = 9,6 m³

16

Gewindebohren von Hand (M6-Innengewinde).

Welche Reihenfolge bei der Herstellung ist richtig?

1. Vorbohren, Aufbohren, Gewinde schneiden, Senken.
2. Aufbohren, Gewinde schneiden, Senken.
3. Bohren, Senken, Gewinde schneiden.
4. Vorbohren, Gewinde schneiden, Senken.
5. Senken, Bohren, Gewinde schneiden.

17

Was gilt bei Einsatz eines Maschinengewindebohrers?

1. Gewinde müssen stets in drei Arbeitsschritten gefertigt werden.
2. Zum Gewindeschneiden muss nicht vorgebohrt werden.
3. Es können nur Gewinde in Sacklöchern geschnitten werden.
4. Gewinde werden in einem Schnitt gefertigt.
5. Nur als Durchgangsgewindebohrer erhältlich.

18

Wozu können die mit (1) bezeichneten spitzen, schneidenförmigen Messflächen verwendet werden?

1. Zur Messung von Außenduchmessern.
2. Zur Messung von Nuttiefen.
3. Für Anreißaufgaben.
4. Zur Messung von Gewindesteigungen.
5. Zur Toleranzbestimmung von Wellen.

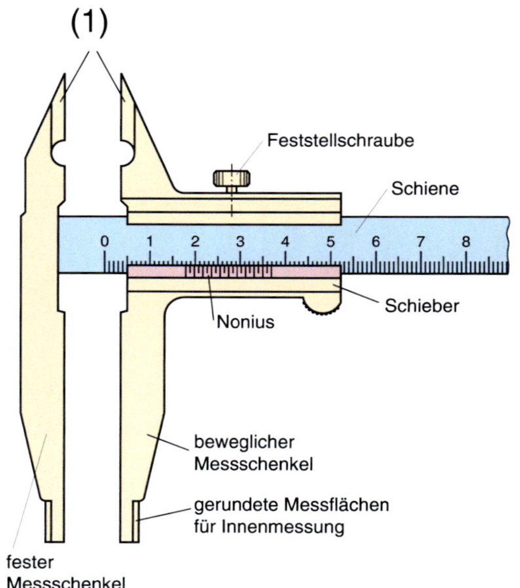

19

Wie wird die mit (1) gekennzeichnete Bewegung bezeichnet?

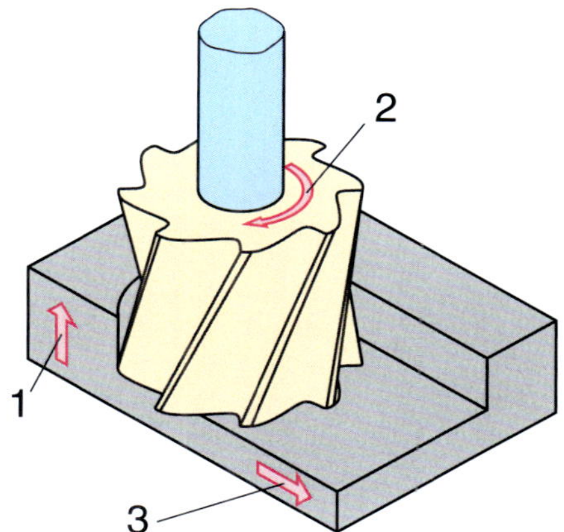

1. Vorschubbewegung
2. Schnittbewegung
3. Zustellbewegung
4. Korrekturbewegung
5. Schneidbewegung

20

Welchen Wert hat der Winkel α?

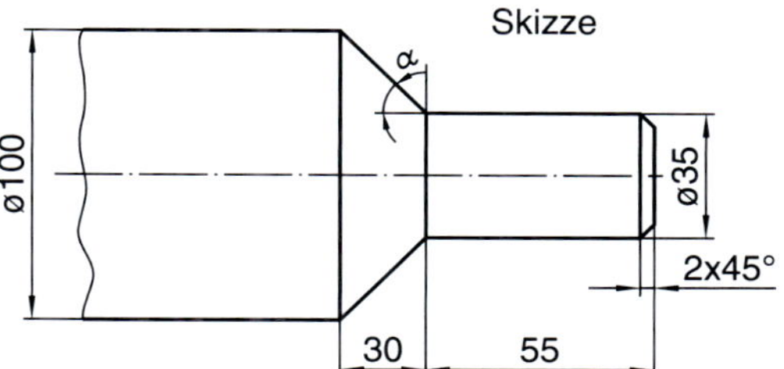

1. $\alpha = 28°$
2. $\alpha = 34{,}6°$
3. $\alpha = 38{,}5°$
4. $\alpha = 47{,}3°$
5. $\alpha = 52{,}6°$

21

Welches der angegebenen Pneumatikventile realisiert eine UND-Funktion?

1. Druckbegrenzungsventil
2. 5/3-Wegeventil
3. Drosselventil
4. Zweidruckventil
5. Drosselrückschlagventil

22

Welche Aufgabe hat die parallel zur Solarzelle geschaltete Diode?

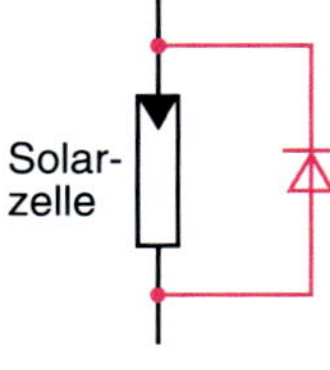

1. Gleichrichtung der solar erzeugten Spannung.
2. Schutz vor zu hohen Induktionsspannungen.
3. Verhinderung der unzulässigen Erwärmung der Solarzelle.
4. Verhinderung einer Rückspeisung.
5. Überlastschutz

23

Welche Grafik zeigt einen binären Verlauf?

(1) 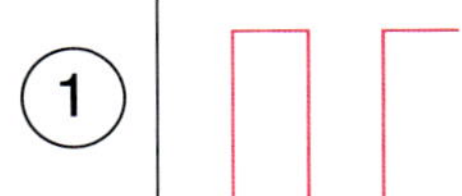

(2) 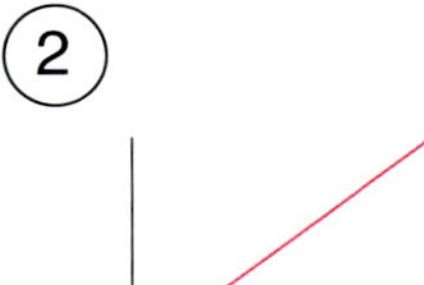

(3) 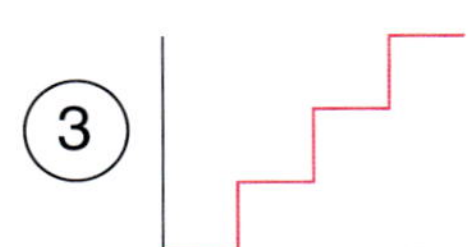

(4) 

(5) 

24

Dargestellt ist die Einspeisung der Bandanlage.

Um welches Netzsystem handelt es sich?

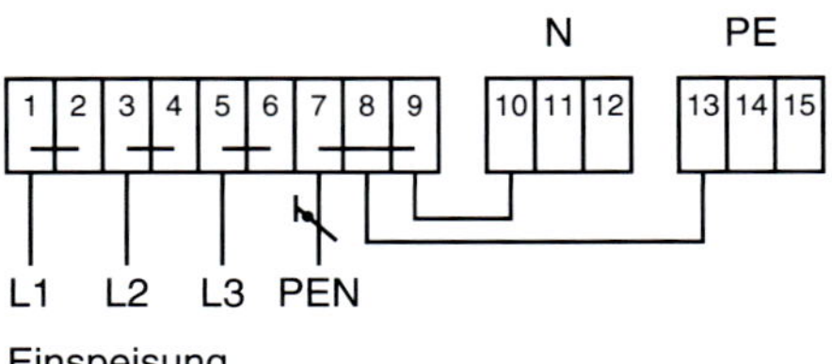

1. TT-System
2. IT-System
3. TN-S-System
4. TN-C-System
5. TT-C-S-System

25

Ein Elektromotor wird über eine 25-A-Schmelzsicherung abgesichert. Im Körperschlussfall fließt ein Fehlerstrom von 175 A.

Wird die Abschaltbedingung eingehalten?

1. Nein, da spätestens nach 1 s abgeschaltet werden muss.
2. Nein, da spätestens nach 0,2 s abgeschaltet werden muss.
3. Nein, da spätestens nach 0,1 s abgeschaltet werden muss.
4. Ja, da die maximal zulässige Abschaltzeit 5 s beträgt.
5. Ja, da die maximal zulässige Abschaltzeit 10 s beträgt.

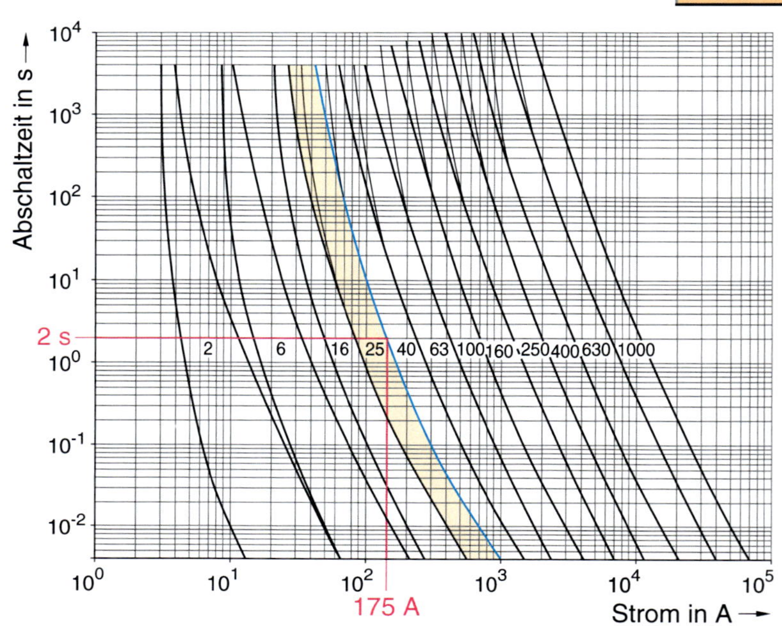

01

Dargestellt ist ein TN-S-System.
Im Motor M1 tritt ein Körperschluss auf (siehe Abbildung zu 2.)

1. Was ist ein Körperschluss?

2. Zeichnen Sie den Fehlerstromkreis bei Körperschluss in die Zeichnung ein.

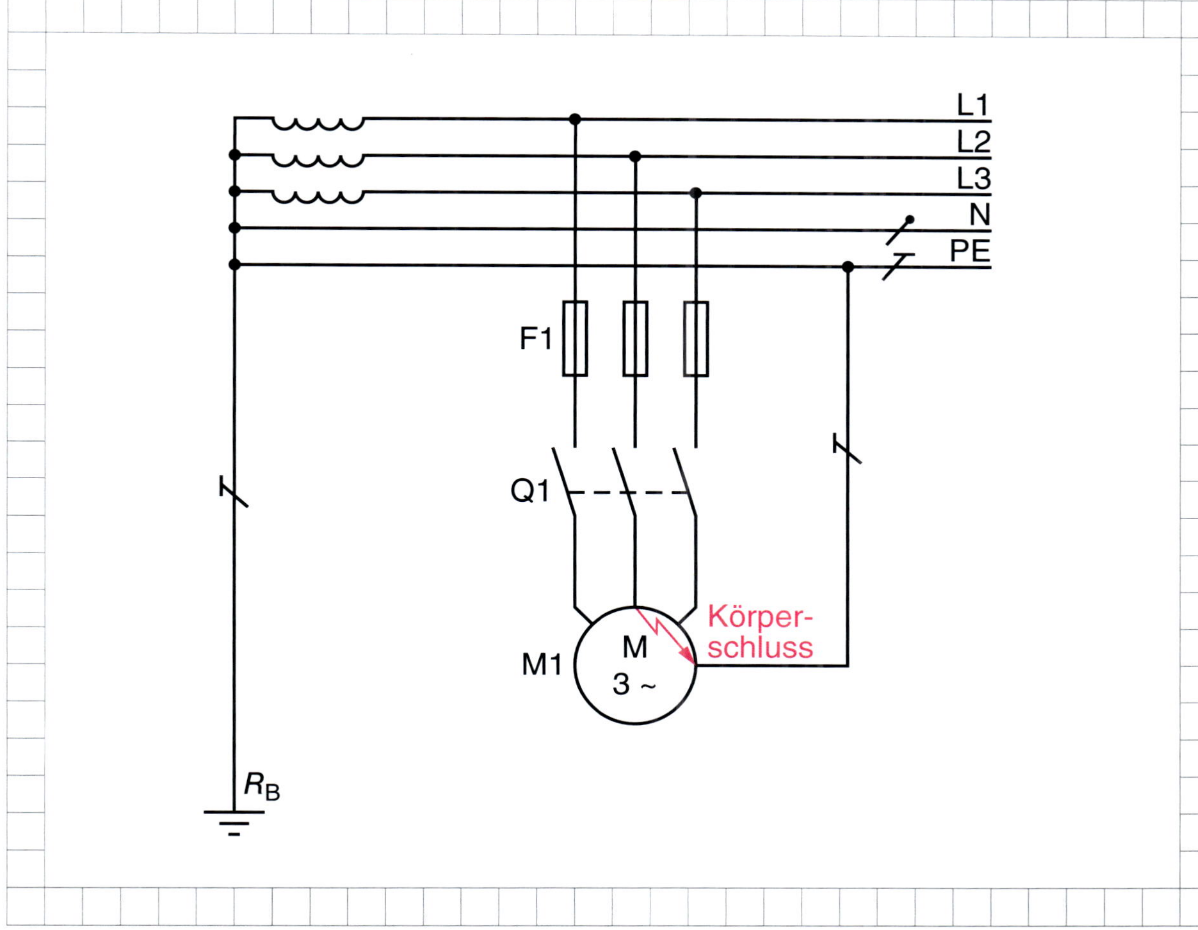

3. Der Widerstand des Fehlerstromkreises beträgt 0,6 Ω.
Mit welchem Fehlerstrom ist zu rechnen?

4. Eingebaut sind 25-A-Schmelzsicherungen gG.
   Kann die Abschaltbedingung eingehalten werden?

Punkte
10 bis 0

02

Für Instandsetzungsarbeiten wird ein Winkelschleifer benötigt.
Er soll über einen Leitungsroller (50 m; 1,5 mm^2) betrieben werden.
Technische Daten des Winkelschleifers: 230 V, 14 A, $\cos \varphi = 0{,}8$.

1. Worauf achten Sie bei der Verwendung des Winkelschleifers?

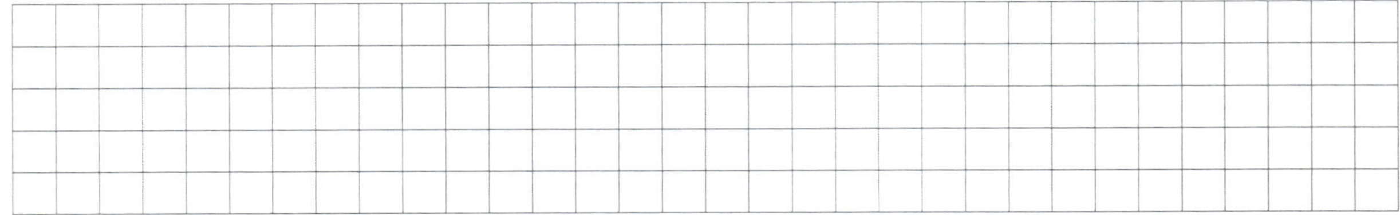

2. Welcher Spannungsfall tritt am Leitungsroller auf?

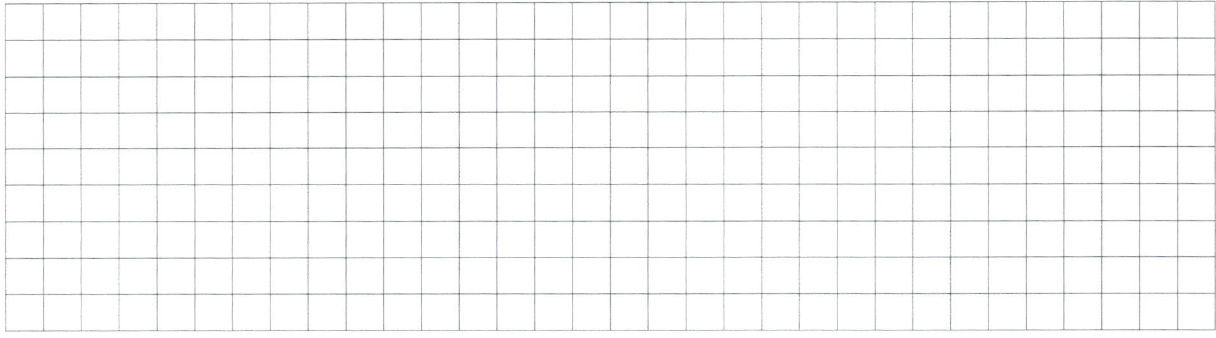

3. Welcher Leistungsverlust entsteht auf der Leitung?

Punkte
10 bis 0

03

Dargestellt ist der Stromkreis der Servicesteckdose X3.
Eingesetzt ist ein RCD mit einem Bemessungs-Differenzstrom von 30 mA.

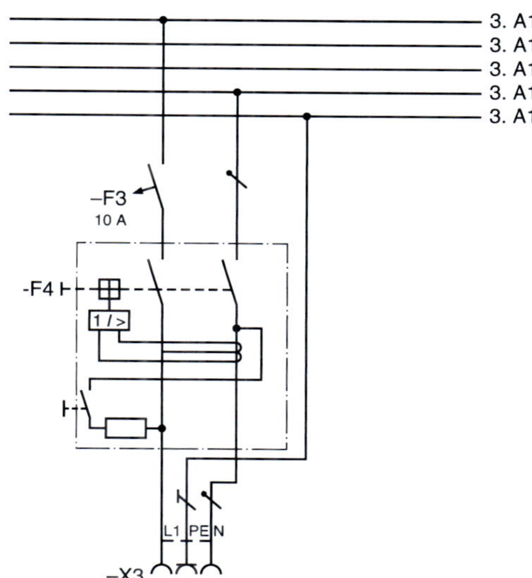

1. Bei welchem Fehlerstrom darf F4 ansprechen?

2. Welche Aufgabe hat die Testeinrichtung beim RCD?

3. F4 ist ein zweipoliger RCD.
   Ist es möglich, für die Steckdose auch einen vierpoligen RCD einzusetzen?

4. Nach welcher Zeit muss F4 spätestens angesprochen haben?

Punkte
10 bis 0

04

1. Welche Aufgaben haben die Öffner der Hauptschütze Q1 und Q2?

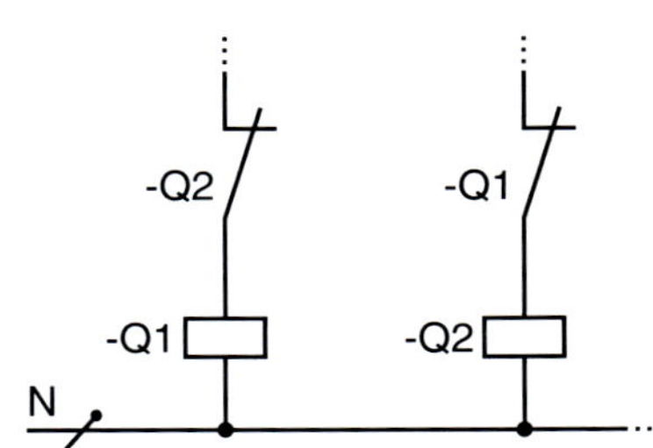

2. Wenn die Hauptschütze Q1 und Q2 an SPS-Ausgänge angeschlossen werden, ist dann die oben dargestellte Beschaltung auch notwendig?

3. Ausgewählt wurden Schütze der Gebrauchskategorie AC-4.
   Was bedeutet das?

Punkte
10 bis 0

05

Die Kleinsteuerung ist
wie dargestellt beschaltet.

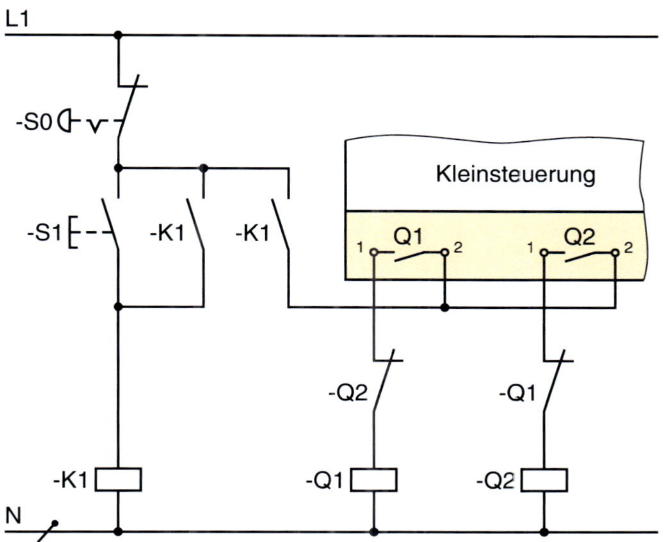

1. Was wird durch die Schaltung erreicht?

2. Ist der Not-Aus-Kreis drahtbruchsicher?

3. Kleinsteuerungen werden mit Relaisausgängen und Transistorausgängen angeboten.
Worin besteht der Unterschied?

Punkte
10 bis 0

06

Schaltungsauszug eines Netzgeräts (Abbildung Seite 53).

1. Wie wird die Schaltungsart der Gleichrichterdioden bezeichnet?

2. Der Gleichrichter trägt die Bezeichnung B 80 C 800.
Was bedeutet das?

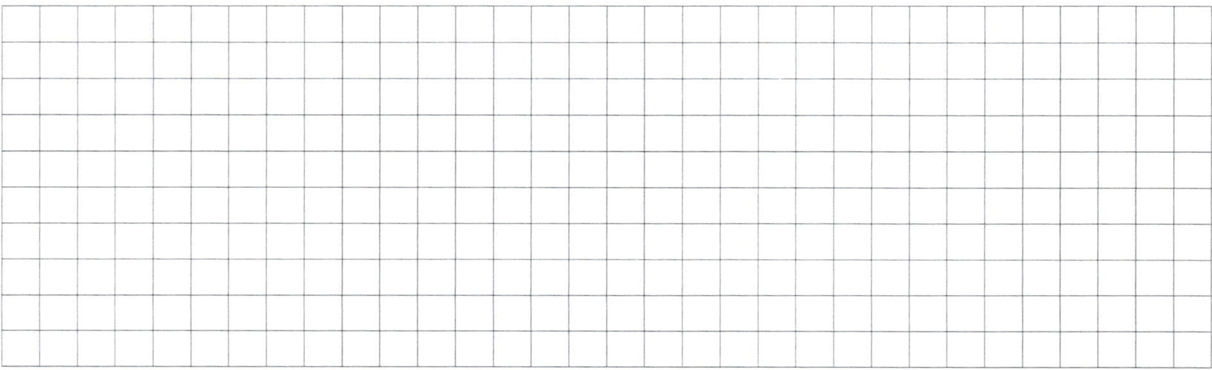

Abbildung zu Aufgabe 6

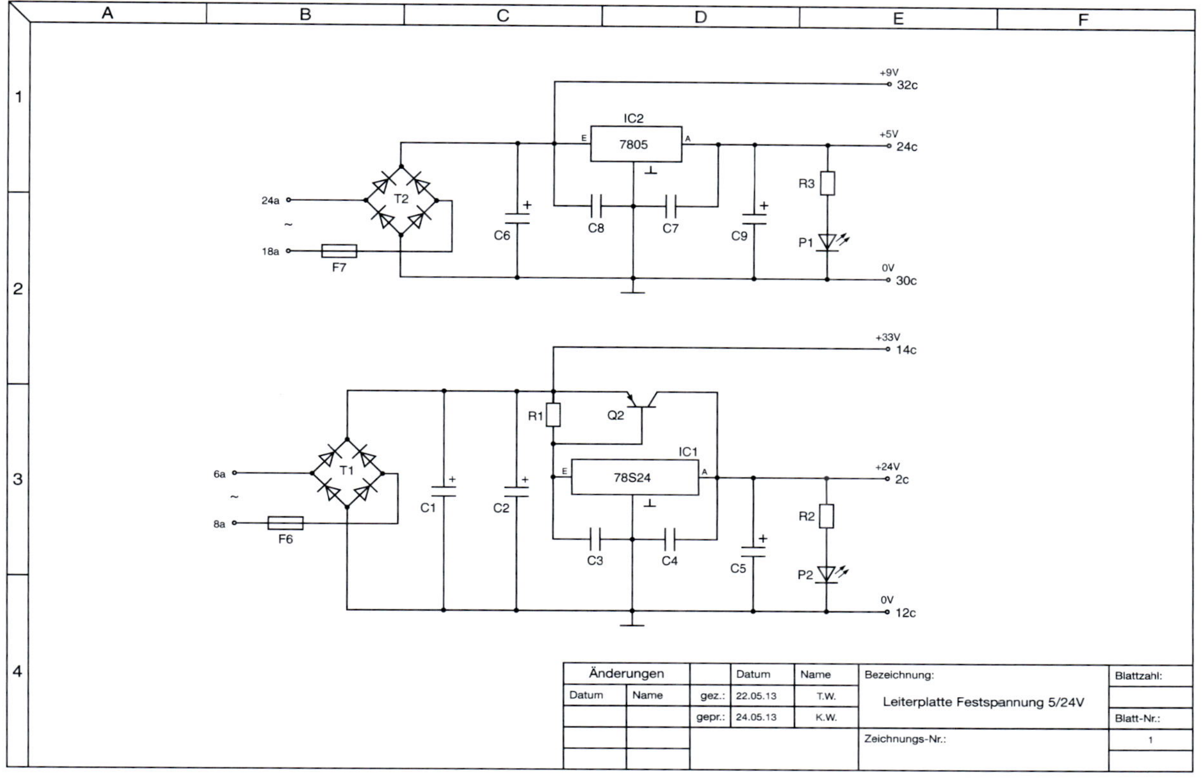

3. Nennen Sie zwei Besonderheiten der B2U-Schaltung.

Punkte
10 bis 0

07

Eine Strebe soll gefertigt werden.

Ergänzen Sie den Arbeitsplan.

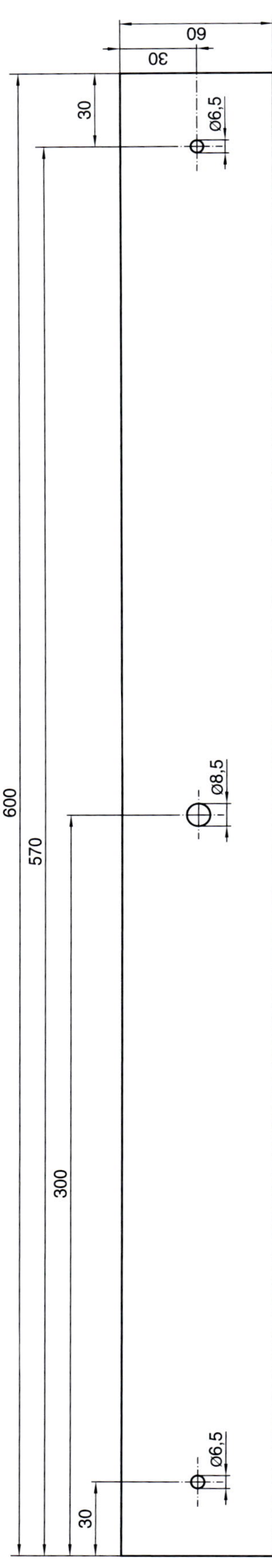

Punkte
10 bis 0

Arbeitsplan		**Werkstück: Strebe**	**Werkstoff: AlMg3**
Lfd. Nr.	Arbeitsschritt	Bereitstellung Werkzeuge, Betriebsmittel und Hilfsmittel	Technische Daten
1	Schnittkante anreißen, Länge 600 mm	Stahllineal Länge 1000 mm, Anschlagwinkel	
2		Handsäge	
3		Flachfeile Hieb 3	
4	Anreißen aller Bohrungen		
5	Schnittpunkte der Anrissstriche ankörnen		
6		HSS-Bohrer Durchmesser 6,5 mm, Kühlschmiermittel	Drehzahl: 2200 1/min
7	Durchgangsbohrungen Durchmesser 8,5 bohren		Drehzahl: 1500 1/min
8			Drehzahl: max. 100 1/min
9		Stahllineal Länge 300 mm und Anschlagwinkel	
Qualitätskontrolle Prüfmittel: Stahllineal Länge: 1000 mm, Messschieber und Anschlagwinkel			

08

Auf die Schneide eines Drehmeißels werden folgende Kräfte ausgeübt:
$F_1 = 5000$ N, $F_2 = 2500$ N.

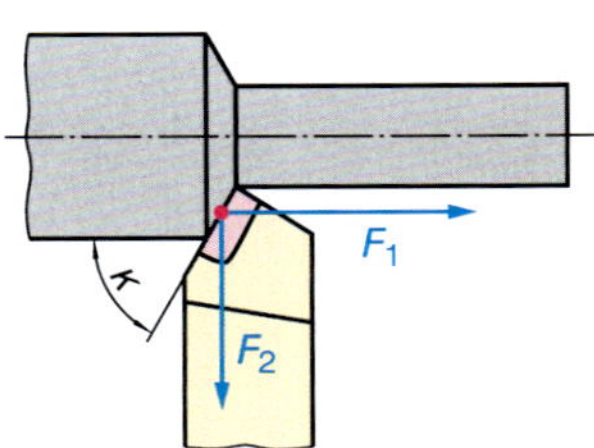

1. Zu ermitteln ist die resultierende Kraft.

2. Nennen Sie wesentliche Baugruppen einer Drehmaschine.

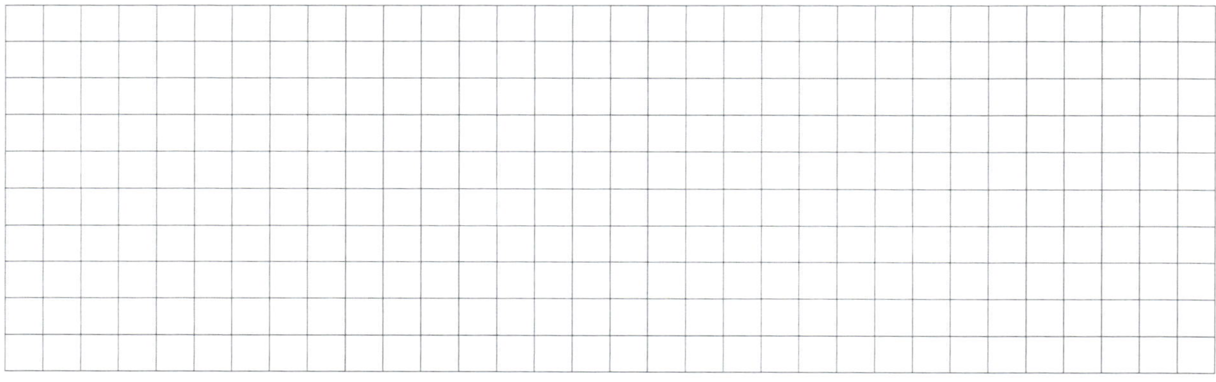

3. Beschreiben Sie die Begriffe Spitzenweite und Spitzenhöhe.

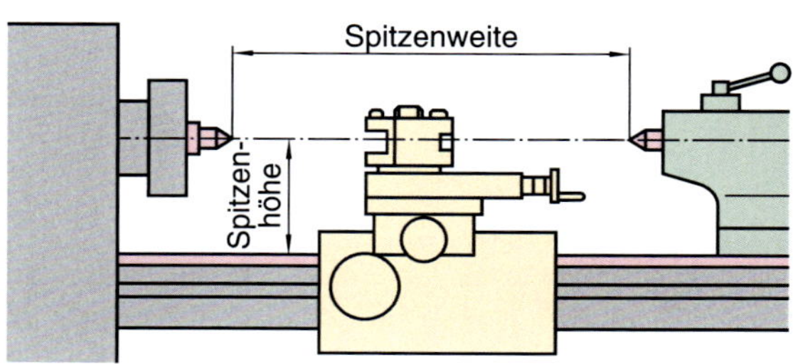

4. Worauf ist bei der Einstellung der Drehmeißel zu achten?

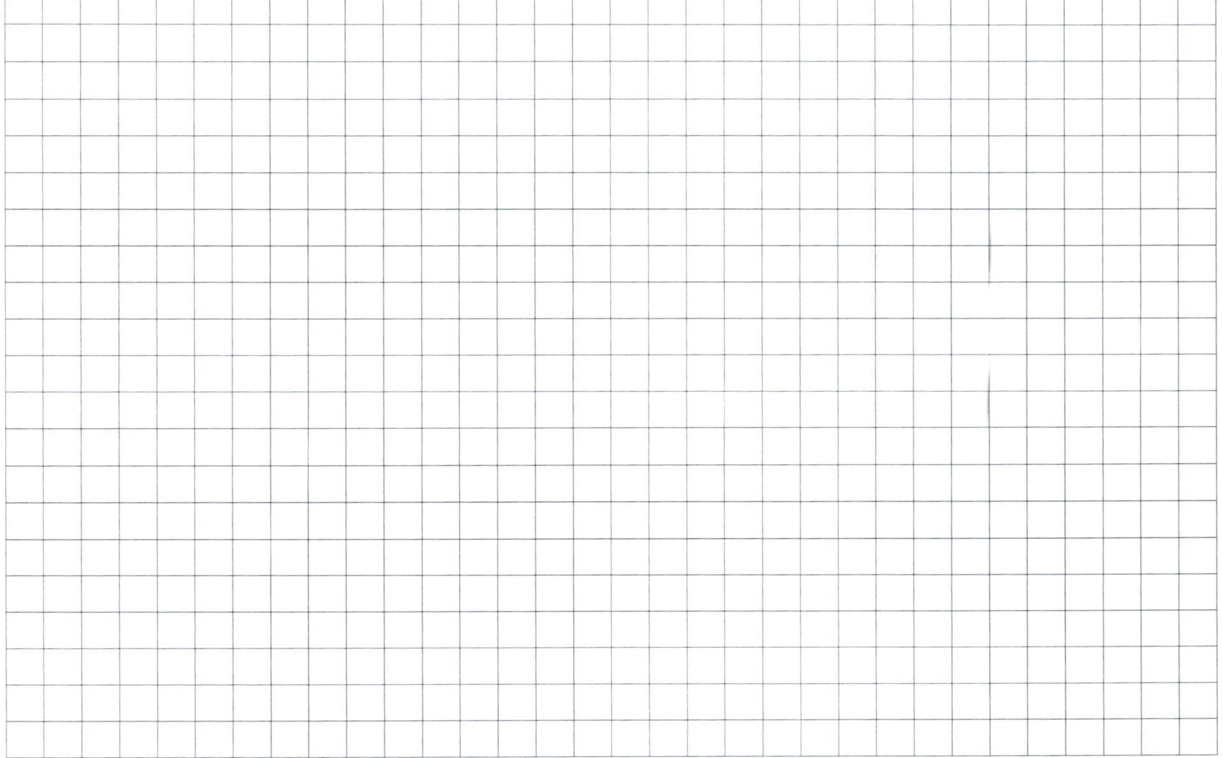

Punkte
10 bis 0

09

1. Nennen Sie wesentliche Eigenschaften von Kunststoffen.

2. Unterschieden wird zwischen Thermoplaste, Duroplaste, Elastomere.
   Geben Sie die wesentlichen Unterschiede an.

Punkte
10 bis 0

10

1. Unterscheiden Sie zwischen Urformen, Umformen und Spanen.

2. Beschreiben Sie die Begriffe Elastizität und Plastizität.

Punkte
10 bis 0

01

Bei Reparaturarbeiten setzen Sie einen zweipoligen Spannungsprüfer ein.

Wann ist sein einwandfreier Zustand zu überprüfen?

1. Jährlich
2. Halbjährlich
3. Vierteljährlich
4. Wöchentlich
5. Vor jeder Verwendung.

02

In einem 230-V-Netz berührt ein Mensch einen Außenleiter. Sein Körperwiderstand beträgt 1150 Ω, der Übergangswiderstand zur Erde 230 Ω.

Welche Berührungsspannung U_B tritt auf?

1. $U_B = 50$ V
2. $U_B = 75$ V
3. $U_B = 110$ V
4. $U_B = 191{,}7$ V
5. $U_B = 230$ V

03

Welche Ausgangsspannung hat eine B2U-Gleichrichterschaltung ohne Siebung?

1. 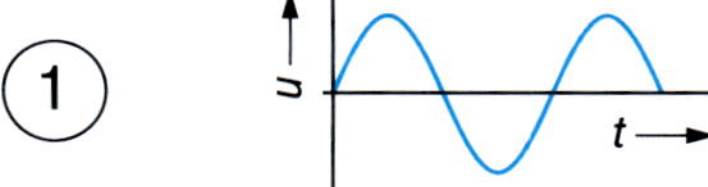

2. 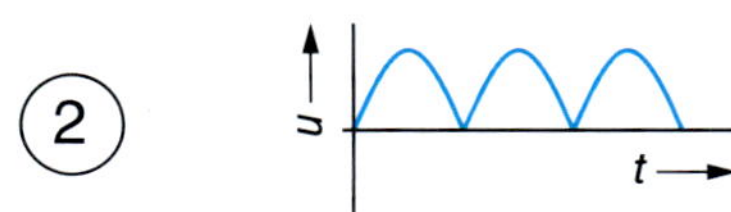

3. 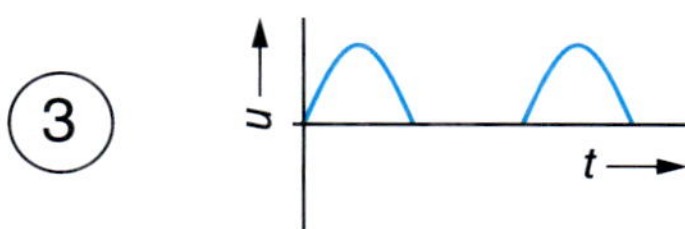

4. 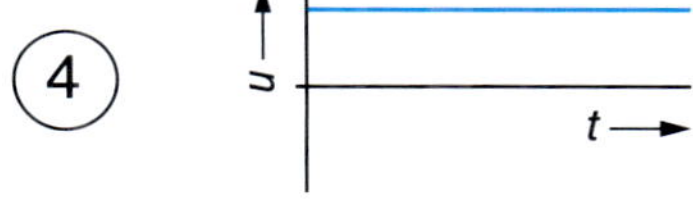

5. 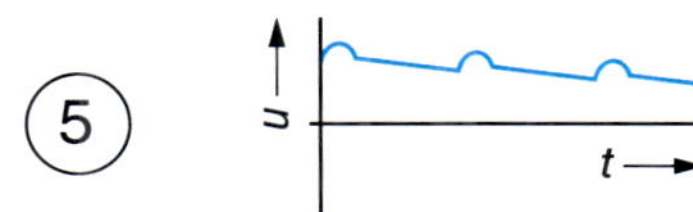

04

Dargestellt ist eine elektropneumatische Schaltung.

Welche Aussage ist zutreffend?

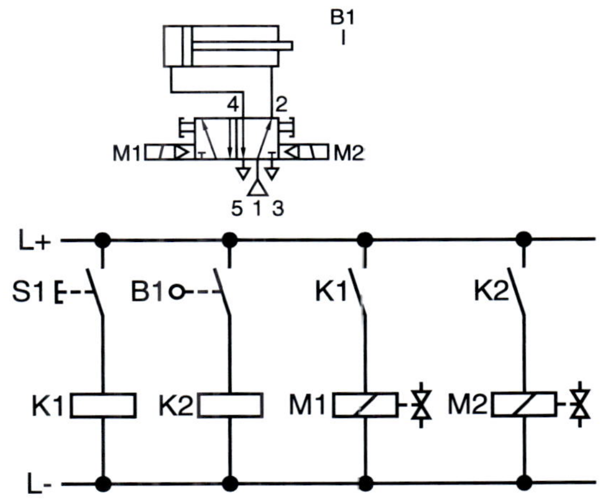

1. Bei Betätigung von S1 fährt der Zylinder ein.
2. Bei Betätigung von S1 fährt der Zylinder aus.
3. Zylinder wird über ein 3/2-Wegeventil gesteuert.
4. Zylinder wird über ein 5/3-Wegeventil gesteuert.
5. Zylinder wird mit Abluftdrosselung betrieben.

05

Welches Bauelement ist dargestellt?

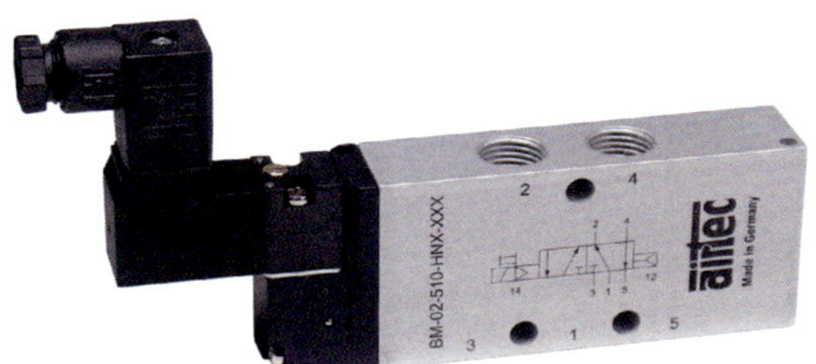

1) 5/2-Wegeventil

2) Drossel-Rückschlagventil

3) Druckwandler

4) Einfach wirkender Zylinder

5) Direkt gesteuertes Ventil

06

Welche Zeile enthält die richtigen Angaben?

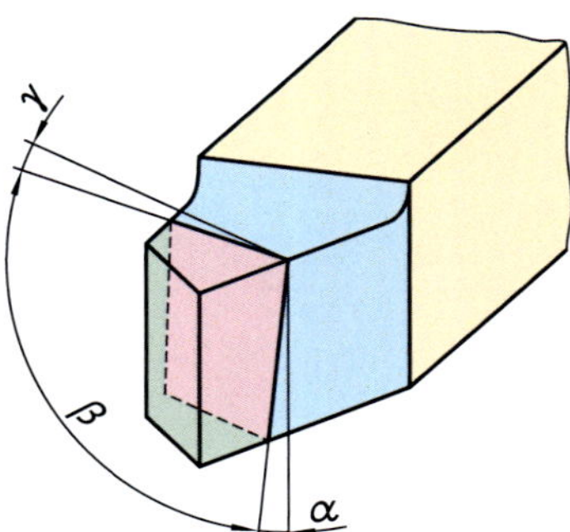

1) α: Keilwinkel, β: Freiwinkel, γ: Spanwinkel

2) α: Spanwinkel, β: Freiwinkel, γ: Keilwinkel

3) α: Freiwinkel, β: Keilwinkel, γ: Spanwinkel

4) α: Spanwinkel, β: Keilwinkel, γ: Freiwinkel

5) α: Einstellwinkel, β: Eckenwinkel, γ: Freiwinkel

07

Welchen Kohlenstoffgehalt hat der Stahl C35 C?

1) 35 %

2) 3,5 %

3) 0,35 %

4) 0,035 %

5) 0,0035 %

08

Welche der folgenden Aussagen ist richtig?

1) Eine Achse wird hauptsächlich auf Torsion beansprucht.

2) Eine Welle wird hauptsächlich auf Biegung beansprucht.

3) Eine Welle kann Drehmomente weiterleiten.

4) Zwischen Wellen und Achsen gibt es keinen technischen Unterschied.

5) Eine Achse wird hauptsächlich zur Übertragung von Drehmomenten eingesetzt.

09

In der gezeigten Darstellung fehlt ein Maß.

Welche Antwort ist richtig?

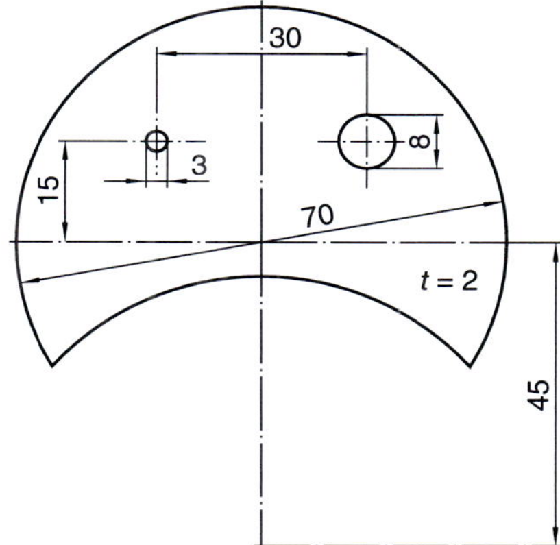

1) Die Bohrungen können nicht gefertigt werden.

2) Die Bohrungsabstände sind nicht eindeutig bemaßt.

3) Die Werkstückdicke ist nicht angegeben.

4) Es fehlt ein Radienmaß für die Fertigung.

5) Die Bemaßung ist nicht fertigungsbezogen.

10

Wozu verwendet man Arbeitspläne in der Fertigung?

1) Um den Ablauf von Tätigkeiten festzulegen.

2) Um Stücklisten auswerten zu können.

3) Um Instandsetzungsarbeiten durchzuführen.

4) Zur Auswertung für das Qualitätsmanagement.

5) Zur Ermittlung der Stückkosten.

11

Mit einem feingezahnten Sägeblatt für Stahl wird ein weicherer Werkstoff bearbeitet.

Welche Folge hat das?

1) Das Sägeblatt zerbricht sofort.

2) Die Zähne des Sägeblatts brechen ab.

3) Die Zähne des Sägeblatts werden geschärft.

4) Die Zahnlücken des Sägeblatts verstopfen.

5) Ein Sägeschnitt ist nicht möglich.

12

Welchen Einfluss auf die Standzeit der Werkzeugschneide hat die Schnittgeschwindigkeit?

1) Keinen nennenswerten Einfluss.

2) Mit zunehmender Schnittgeschwindigkeit verringert sich die Standzeit.

3) Mit zunehmender Schnittgeschwindigkeit vergrößert sich die Standzeit.

4) Die Standzeit hat nur bei Drehmaschinen Bedeutung.

5) Die Standzeit hat nur bei Fräsmaschinen Bedeutung.

13

Sie sollen das Passmaß 15e8 prüfen.

Welches Prüfmittel ist hierzu geeignet?

1) Messuhr

2) Messschieber

3) Maßverkörperung

4) Bügelmessschraube

5) Bandmaß

14

Doppelt wirkender Pneumatikzylinder, Kolbendurchmesser 25 mm, Kolbenstangendurchmesser 14 mm, Arbeitsdruck 6 bar, Wirkungsgrad 80 %.

Wie groß ist die Kolbenkraft für Vor- und Rücklauf?

1. Vorlauf: 295 N, Rücklauf 203 N
2. Vorlauf: 236 N, Rücklauf 162 N
3. Vorlauf: 162 N, Rücklauf 236 N
4. Vorlauf: 412 N, Rücklauf 343 N
5. Vorlauf: 978 N, Rücklauf 852 N

15

Abgegebene Leistung des Elektromotors $P_N = 11$ kW, Drehzahl 1440 $\frac{1}{\text{min}}$. Die aufgebrachte Riemenscheibe hat einen Durchmesser von $d = 200$ mm.

Wie groß ist die Umfangskraft an der Riemenscheibe?

1. $F = 12{,}2$ N
2. $F = 0{,}73$ N
3. $F = 730$ N
4. $F = 73$ N
5. $F = 7{,}3$ N

16

Welche Aufgabe hat das mit 6 bezeichnete Bauelement?

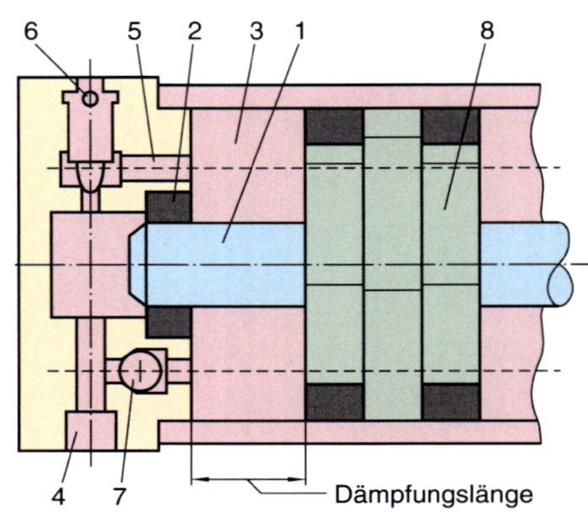

1. Abdichtung des Zylinderbodens.
2. Verminderung der Kolbenreibung.
3. Abluftdrosselung, Endlagendämpfung.
4. Ölzufuhr
5. Anschluss der Druckluft.

17

In 2,5 Stunden werden 1 m³ Wasser in einen Behälter gepumpt.

Wie groß ist der Volumenstrom?

1. 6,67 $\frac{l}{s}$
2. 6,67 $\frac{l}{h}$
3. 6,67 $\frac{l}{\text{min}}$
4. 3,28 $\frac{l}{\text{min}}$
5. 2,42 $\frac{l}{\text{min}}$

18

Welche Aufgabe haben Flussmittel beim Löten?

1. Den Schmelzpunkt der Fügeteile herabsetzen.
2. Den Schmelzpunkt der Fügeteile heraufsetzen.
3. Das Lot dünnflüssiger machen.
4. Das Lot dickflüssiger machen.
5. Oxidschichten auf den Oberflächen der Fügeteile lösen.

19

Welche Lampe oder Lampen leuchten, wenn der Taster S2 betätigt wird?

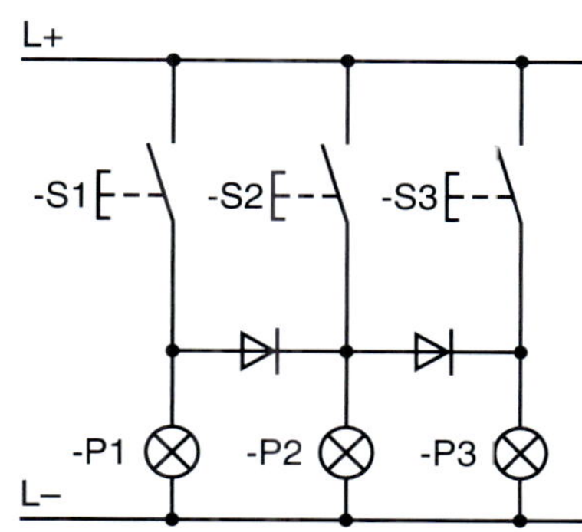

1. Keine Lampe
2. Alle Lampen
3. Nur P1
4. Nur P2
5. P2 und P3

20

Steuerstromkreise werden mit 24-V-PELV-Stromkreisen betrieben.

Was bedeutet das in der Praxis?

1. Die Kleinspannung muss ungeerdet betrieben werden.
2. Die Kleinspannung muss geerdet betrieben werden.
3. PELV ist nur bei Spartransformatoren möglich.
4. Bei PELV kann auf die galvanische Trennnung des Transformators verzichtet werden.
5. Zwischen SELV und PELV gibt es keinen technischen Unterschied.

21

Digitalmultimeter:
Messbereich 1000 V (max. Anzeige 999.9 V), Anzeigeumfang 9999 Digits (10 000 Messschritte von je 0,1 V), Fehler ± 0,5 %, ± 4 Digits (0,4 V), Anzeige 400 V.

Wie groß sind der kleinstmögliche und größtmögliche Grenzwert?

1. 397,6 V – 402,4 V
2. 399 V – 401 V
3. 399,5 V – 401,5 V
4. 388 V – 412 V
5. 392 V – 408 V

22

Ein Mensch berührt mit der Hand den Außenleiter L1.

Welcher Strom fließt durch den Widerstand 35 Ω?

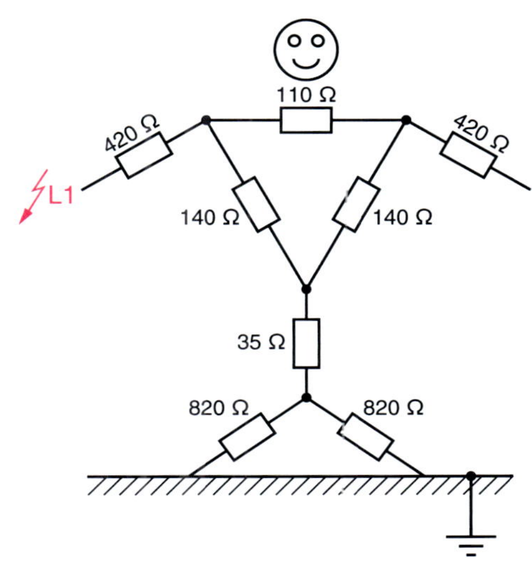

1. 52,3 mA
2. 111 mA
3. 241 mA
4. 326 mA
5. 500 mA

23

Eine Fehlerstromschutzeinrichtung (RCD) trägt u. a. folgendes Zeichen.

Welche Aussage ist richtig?

1. RCD nur bei sinusförmigen Wechselströmen anwendbar.
2. RCD ist allstromsensitiv.
3. RCD ist pulsstromsensitiv.
4. RCD ist nur bei Gleichströmen anwendbar.
5. RCD ist nur bei Mischströmen insetzbar.

24

Bei welcher Temperatur zieht das Schütz K12 an?

Die Anzugsspannung der Schütze beträgt 19 V.

1. ca. 60 °C
2. ca. 70 °C
3. ca. 80 °C
4. ca. 90 °C
5. ca. 100 °C

Abbildungen zu Aufgabe 24.

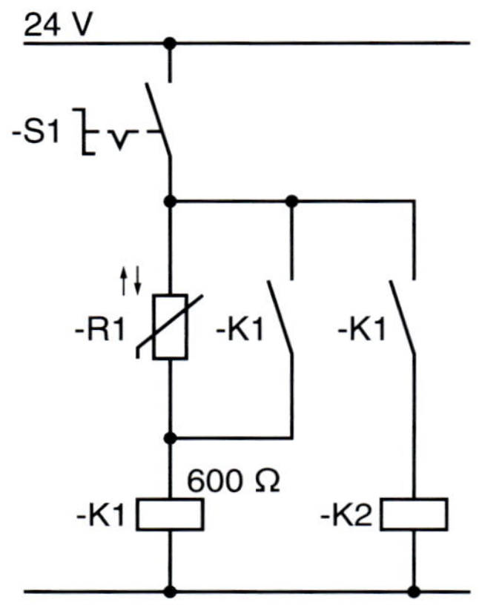

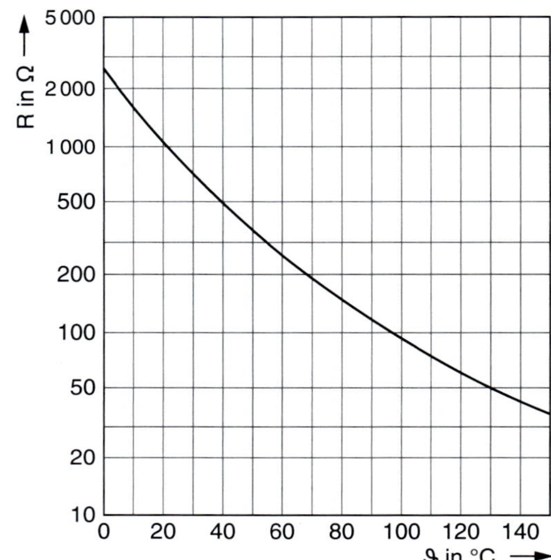

25

Welcher Logikplan entspricht der gezeigten Darstellung?

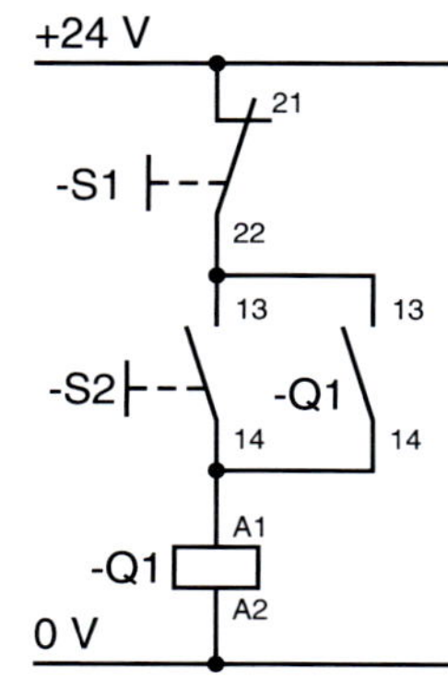

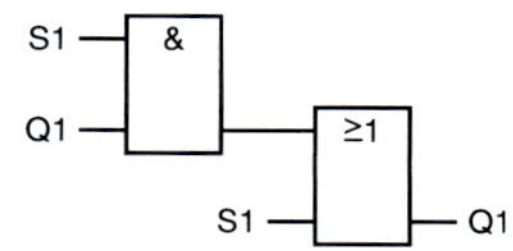

2

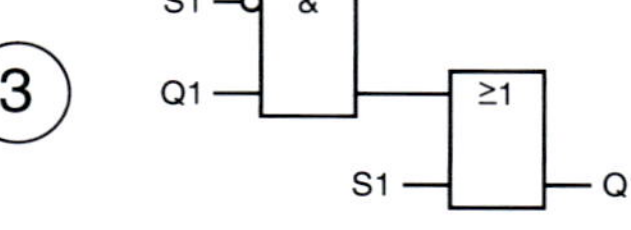

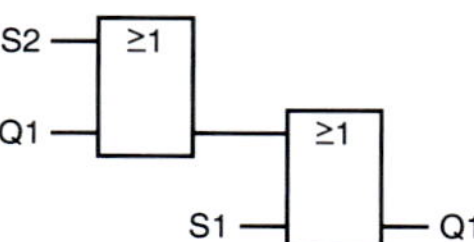

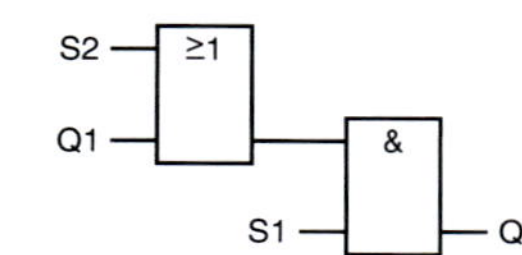

01

Skizzieren Sie die Draufsicht.

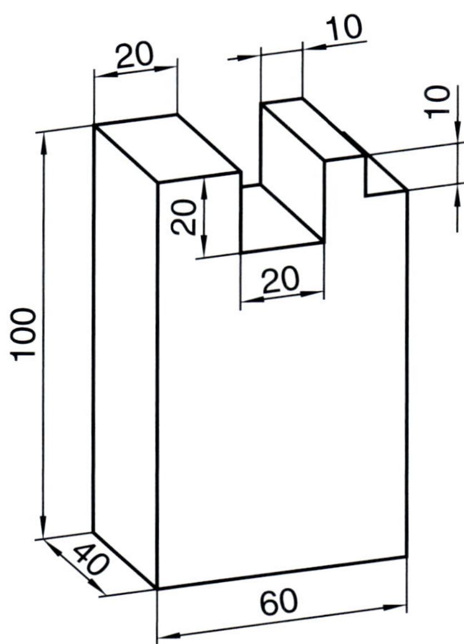

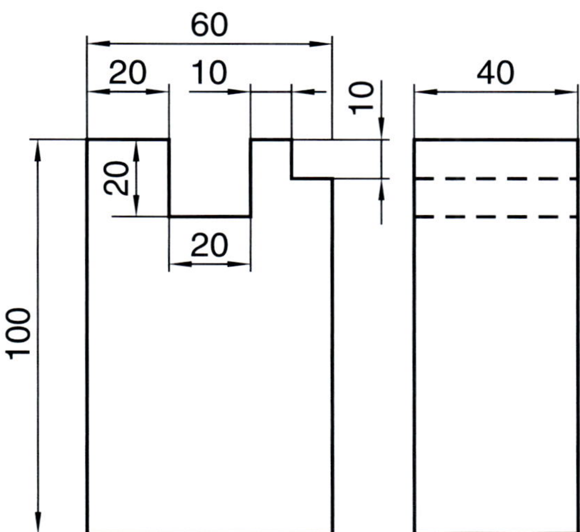

Punkte
10 bis 0

02

Nennen Sie mindestens drei Beispiele für formschlüssige, kraftschlüssige und stoffschlüssige Schraubensicherungen.

Punkte
10 bis 0

03

Ergänzen Sie die Tabelle, die unterschiedliche Eigenschaften von Stirn-Planfräsen und Umfangs-Planfräsen angibt.

	Stirn-Planfräsen	**Umfangsplanfräsen**
Spanform		Kommaspan
Im Einsatz befindliche Schneiden	viele	
Maschinen-belastung	gleichmäßig, da die Schnittkraft wegen des gleichmäßigen Span-querschnitts (fast) gleichbleibend ist	
Wirtschaft-lichkeit		gering, da nur wenige Schneiden im Einsatz sind
Schneiden-belastung	gleichmäßig	
Kühlschmier-stoffzufuhr	Schneiden gut erreichbar	
Oberfläche		schlecht, wegen der Schwingung

Punkte
10 bis 0

04

1. Wie können die Maße ⓐ und ⓑ geprüft werden?

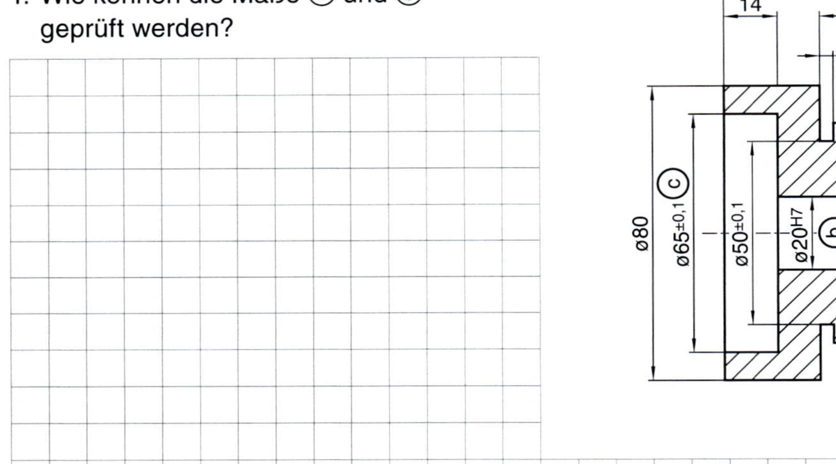

2. Ergänzen Sie die Tabelle (Prüfplan der obigen Buchse).

Prüf-schritt	Prüfmerkmal	Maße in mm	Maßtoleranz in µm A_O	A_U	Prüfmittel
1 (a)	Einstich	$2^{\pm 0,5}$			Tiefenmessschieber
2 (b)		$\varnothing\ 20^{H7}$			Grenzlehrdorn
3 (c)	Senkung	$\varnothing\ 65^{\pm 0,1}$			digitale Innenmess-schraube mit Drucker
4 (d)	Durchmesser	$\varnothing\ 60^{k6}$			Digitalbügelmess-schraube
5 –		105	–		Maßstab
6 –	Kanten	–	–		Sichtprüfung

Punkte 10 bis 0

05

Es soll ein Innengewinde M10, Gewindetiefe 15 mm in ein Grundloch geschnitten werden.

1. Welchen Durchmesser wählen Sie für den Kernlochbohrer?

2. Ermitteln Sie die Mindestbohrlochtiefe.

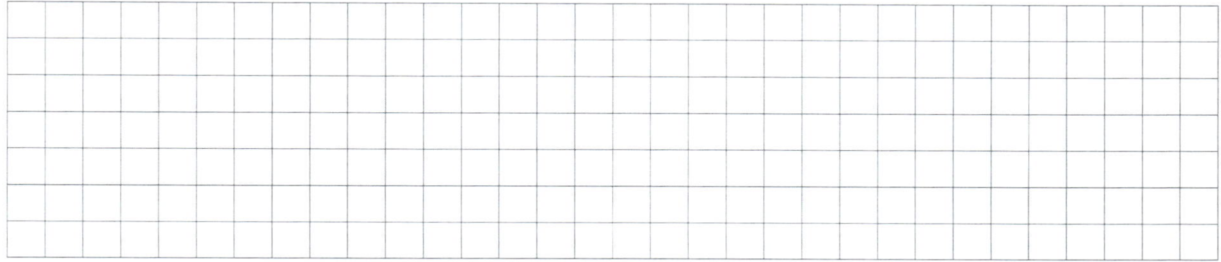

3. Beschreiben Sie die notwendigen Arbeitsgänge.

Punkte
10 bis 0

06

Emergency control device

Emergency control devices are designed to eliminate hazardous situations as quickly as possible.

In doing so, they must not create any addition hazards.

The operating elements of an emergency control device must be red. The surface behind the operating elements must be yellow.

Mushroom-head-push-buttons and trip wires are permitted as operating elements.

The emergency stop command always requires the involvement of a person, it is not an automatic command.

Übersetzen Sie den englischen Text.

Punkte
10 bis 0

07

Als Temperaturfühler B4 wird ein Widerstandsthermometer mit Pt100 eingesetzt.

1. Beschreiben Sie die Temperaturabhängigkeit des Widerstands.

2. Was bedeutet die Angabe Pt100?

3. Welchen wesentlichen Nachteil hat die Verwendung von NTC-Widerständen bei Temperaturmessung?

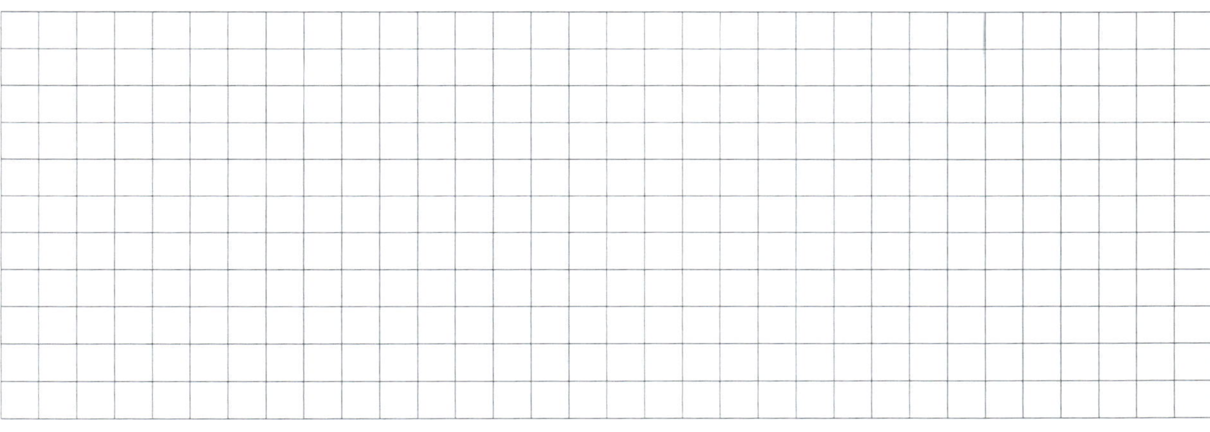

Punkte
10 bis 0

08

Ausschnitt aus einem Funktionsplan.

Beschreiben Sie die Wirkungsweise.

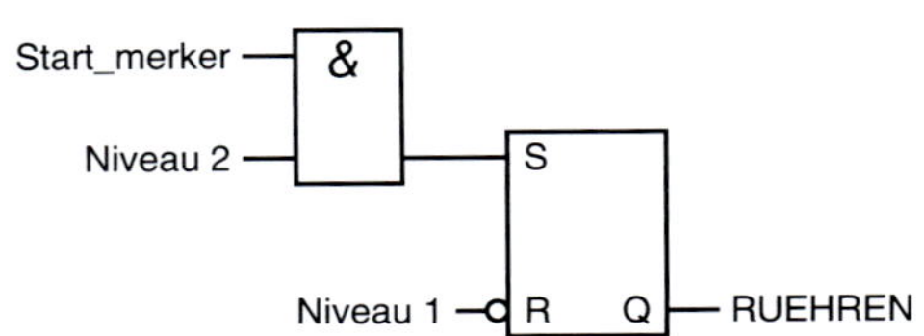

Punkte
10 bis 0

09

Schaltplan 24 VDC und Steckdose 230 V/16 A.

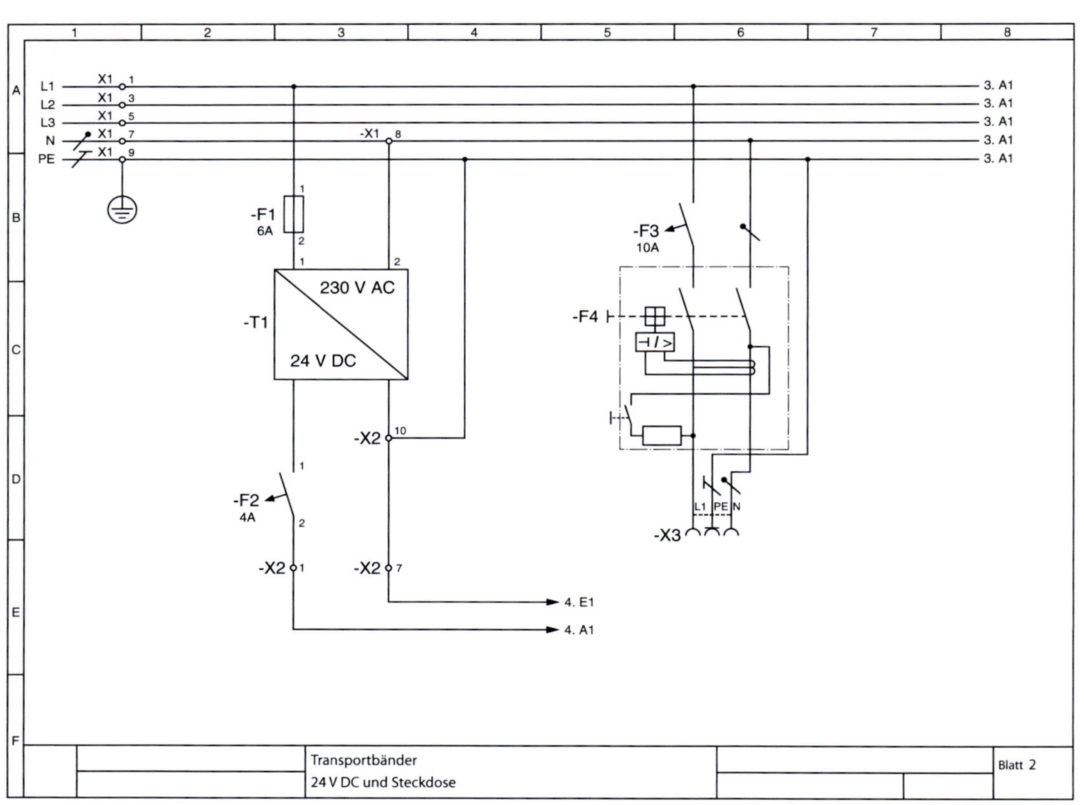

1. Bei den Leitungsschutzschaltern F2 und F3 fehlt jeweils eine zwingend notwendige Angabe. Welche Angabe ist das?

2. Worum handelt es sich beim Betriebsmittel F4? Auch hier fehlen technische Angaben. Welche sind das?

3. Vorgeschlagen wird der Einsatz eines RCBO. Worum handelt es sich bei diesem Betriebsmittel?

4. Erläutern Sie die Wirkungsweise des Fehlerstrom-Schutzschalters (RCD).

Punkte
10 bis 0

10

Dargestellt ist die Schützschaltung einer Bandsteuerung (siehe Seite 77).

1. Worum handelt es sich bei den Betriebsmitteln B1, B2 und B3?

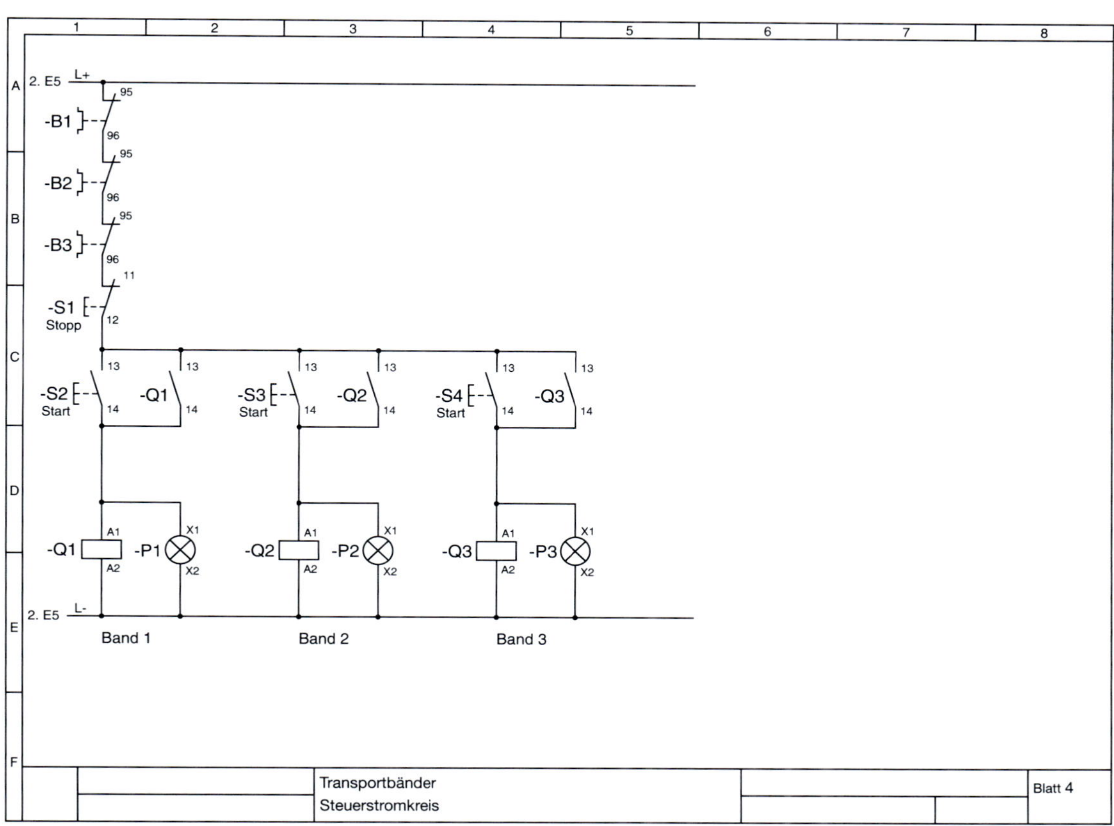

2. Warum sind die Steuerkontakte 95 – 96 der Motorschutzrelais in Reihe geschaltet?

3. In welcher Reihenfolge können die drei Bänder eingeschaltet werden?

4. Bitte ergänzen Sie den Funktionsplan

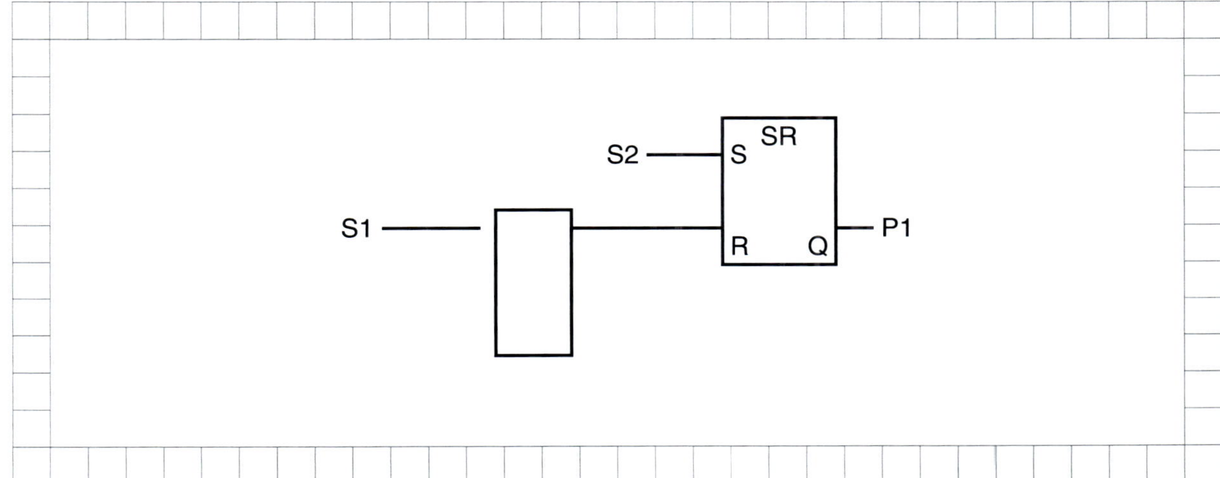

Punkte
10 bis 0

01

Schalter S1 zunächst geschlossen, dann geöffnet.
Wie ändert sich dabei der Strom I?

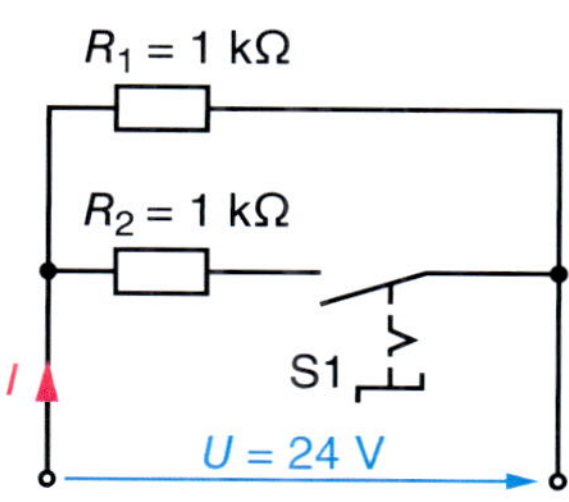

1. Der Strom I ändert sich nicht.
2. Der Strom I halbiert sich.
3. Der Strom I verdoppelt sich.
4. Der Strom I sinkt auf ein Viertel.
5. Der Strom I verdreifacht sich.

02

Welche Schaltung ist richtig?

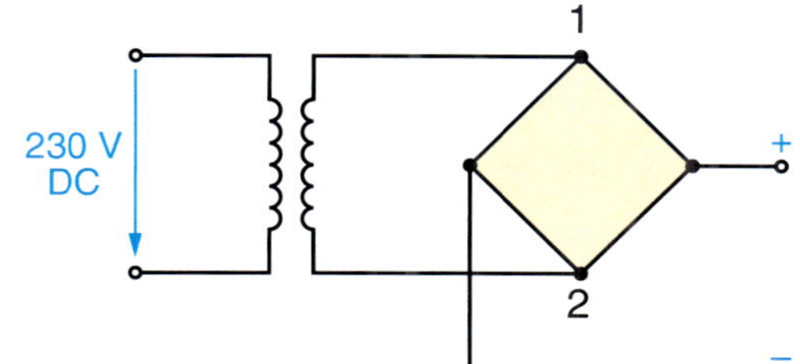

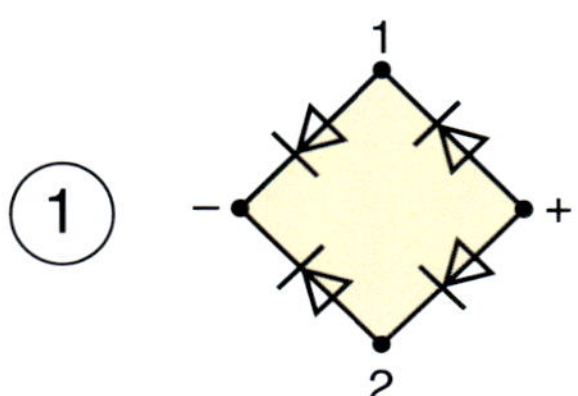

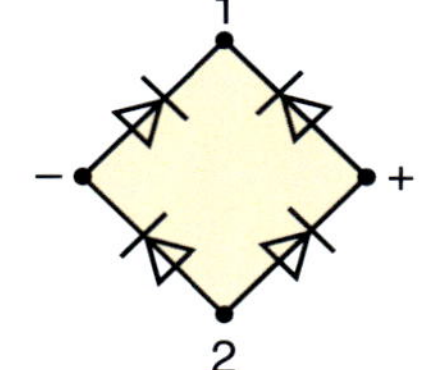

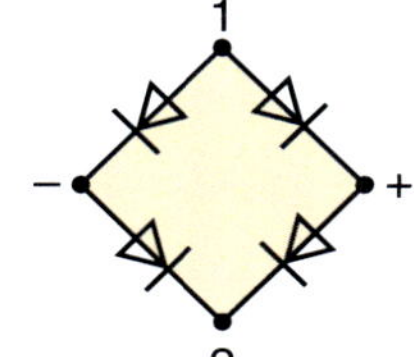

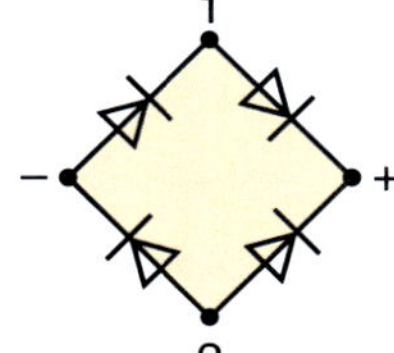

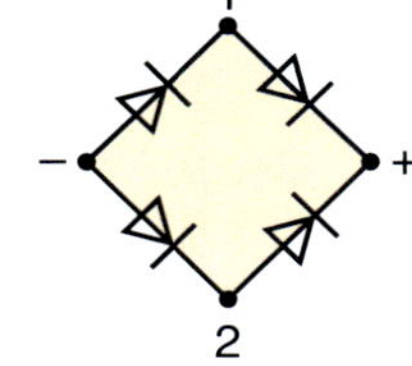

03

Worum handelt es sich bei dem dargestellten Bauelement?

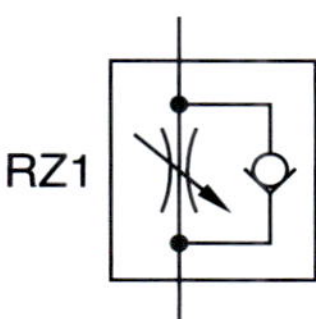

1. Stromregelventil
2. Rückschlagventil
3. Drosselventil
4. Drossel-Rückschlagventil
5. Endlagendämpfung

04

Welche Leitung ist dargestellt?

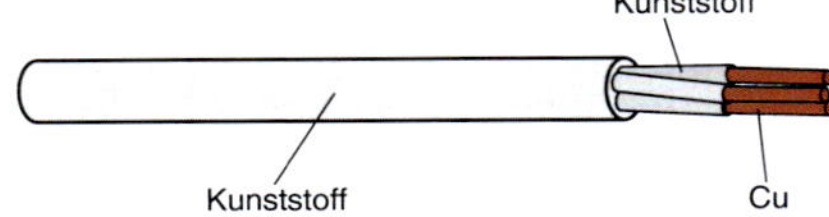

1. H03VH-Y
2. H05V-U
3. H05VV-F
4. NYIF
5. NYM

05

If the state at the input changes from „0“ to „1“, then the output takes the state „1“ after time t_v.

Welche Aussage ist richtig?

1. Beschrieben wird das Verhalten einer Speicherschaltung.
2. Beschrieben wird das Verhalten einer Ausschaltverzögerung.
3. Beschrieben wird das Verhalten einer Einschaltverzögerung.
4. Beschrieben wird das Verhalten eines Impulsgebers.
5. Beschrieben wird das Verhalten einer Eingabebaugruppe.

06

Um welche Schaltung handelt es sich?

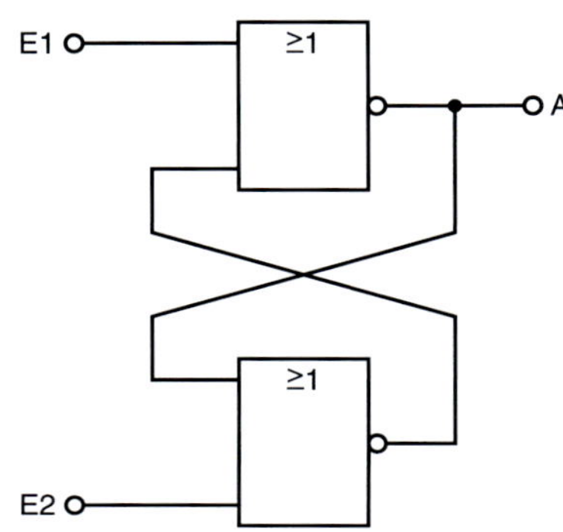

1. RS-Kippglied
2. D-Kippglied
3. Multivibrator
4. JK-Kippglied
5. UND mit NOR

07

Die Dezimalzahl 3412 soll im BCD-Code dargestellt werden.

Welche Lösung ist richtig?

1. 0011 0100 0001 0010
2. 0010 1010 0001 1101
3. 0011 0110 0001 0010
4. 0001 0100 0001 0011
5. 0011 0100 1000 0100

08

Auf welche Weise darf die Spannungsfreiheit festgestellt werden?

1. Mit dem einpoligen Spannungsprüfer.
2. Mit dem Multimeter.
3. Mit dem zweipoligen Spannungsprüfer.
4. Mit einem beliebigen Spannungsmesser.
5. Mit dem Oszilloskop.

09

Welche Aussage gilt für den Pneumatikplan?

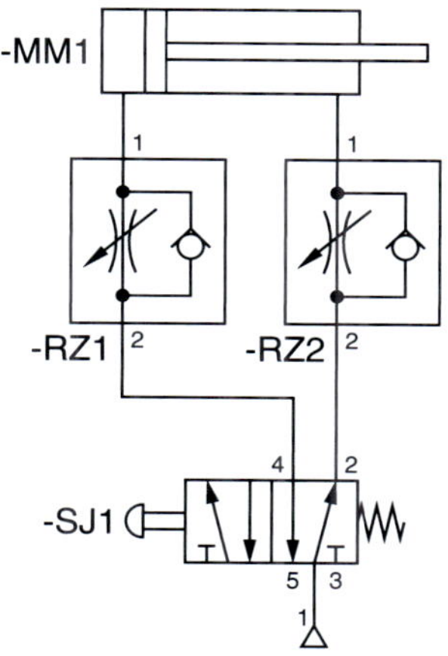

1. Verwendet wird das Prinzip der Zuluftdrosselung.
2. Verwendet wird das Prinzip der Abluftdrosselung.
3. Eingesetzt ist ein 5/3-Wegeventil.
4. Dargestellt ist ein einfach wirkender Zylinder.
5. RZ2 ist eine Drossel.

10

Welche Aussage zu der nebenstehenden Schützschaltung ist richtig?

1. Kontaktverrieglungen der Schütze fehlen.
2. Es handelt sich um eine Speicherschaltung.
3. F2 ist ein Motorschutz-relais.
4. Die Schaltung entspricht den Anforderungen.
5. Die Tasterverriegelung ist falsch dargestellt.

11

Welchen Zweck hat der dargestellte Funktionsplan?

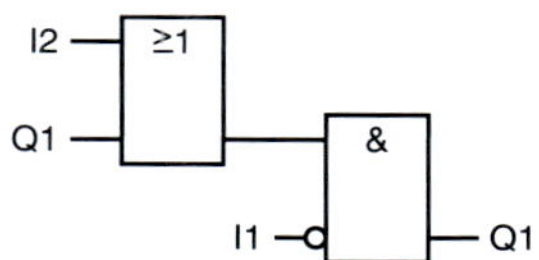

1. Signalspeicher, vorrangiges Setzen
2. Signalspeicher, vorrangiges Rücksetzen
3. Zeitverzögerung
4. UND-vor-ODER
5. ODER-vor-UND

12

Dargestellt sind Spannung und Strom auf einem Oszilloskop.

Bestimmen Sie die Phasenverschiebung.

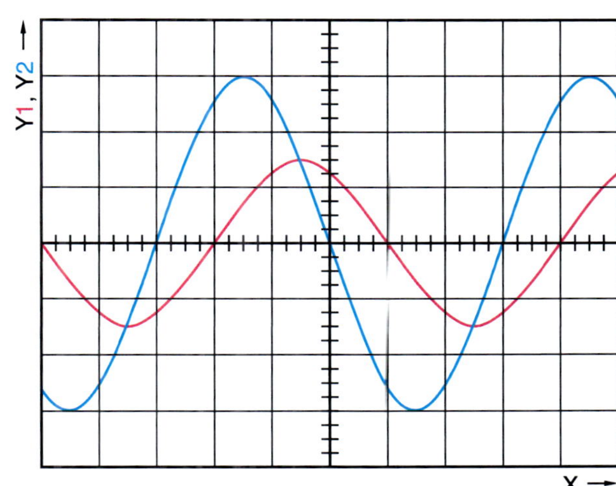

1. 30°

2. 60°
3. 90°
4. 120°
5. 180°

13

Welche Aussage zum Arbeits- und Gesundheitsschutz ist richtig?

1. Die Einhaltung der Maßnahmen wird von den Krankenkassen überwacht.
2. Für die Bereitstellung der Persönlichen Schutzausrüstung (PSA) ist der einzelne Arbeitnehmer zuständig.
3. Die Arbeitnehmer müssen mindestens einmal jährlich unterwiesen werden.
4. Die Verantwortung liegt immer in den Händen des Abteilungsleiters.
5. Die Verwendung der Persönlichen Schutzausrüstung (PSA) ist freiwillig.

14

Wer ist für die Einhaltung der Sicherheitsvorschriften verantwortlich?

1. Der Sicherheitsbeauftragte
2. Der Abteilungsleiter
3. Jeder Arbeitnehmer
4. Das Gewerbeaufsichtsamt
5. Der TÜV

15

Was ist Inhalt einer Stückliste?

1. Hauptnutzungszeit
2. Vorgabezeit
3. Toleranzen
4. Oberflächenangaben
5. Stückzahl

16

Was wird durch die unterschiedlich große Schneidenteilung bei Reibahlen erreicht?

1. Die Reibahle ist dadurch für alle Werkstoffe geeignet.
2. Ein Nachschleifen der Reibahle ist problemlos möglich.
3. Hohe Oberflächengüte der Bohrung ohne Rattermarken.
4. Dadurch kann die Drehzahl verringert werden.
5. Die Spanabfuhr wird verbessert.

17

Welche Masse hat ein Vierkantstahl (unlegierter Stahl) mit einer Kantenlänge von 40 mm und einer Länge von 2,5 m?

$\rho = 7{,}85 \frac{kg}{dm^3}$

1. $m = 10{,}8$ kg
2. $m = 12{,}6$ kg
3. $m = 17{,}4$ kg
4. $m = 19{,}6$ kg
5. $m = 31{,}4$ kg

18

Nennmaß 1000 mm, oberes Abmaß – 25 µm, unteres Abmaß – 50 µm.

Wie groß ist die Toleranz?

1. $T = 0{,}05$ mm
2. $T = 0{,}025$ mm
3. $T = 0{,}0025$ mm
4. $T = 0{,}005$ mm
5. $T = 1$ mm

19

Was bedeutet die markierte Angabe in der Zeichnung?

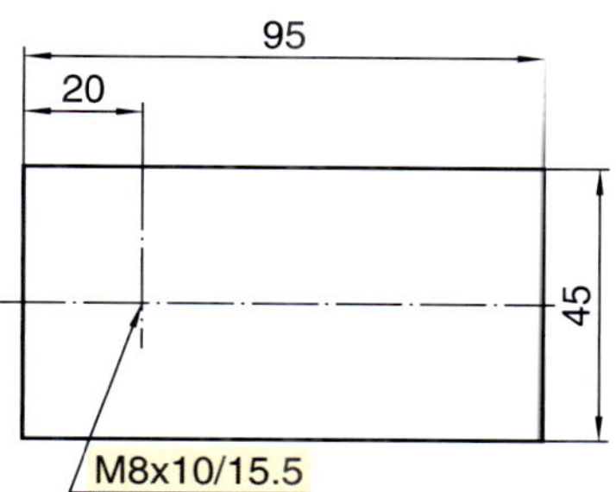

1. Gewinde in Durchgangsbohrung.
2. Gewinde in Grundlochbohrung von der Rückseite.
3. Nutzbare Gewindelänge 15,5 mm.
4. Tiefe der Grundlochbohrung 15,5 mm.
5. Gewindedurchmesser 10 mm.

20

Welches Prüfmittel setzen Sie zum Prüfen des Maßes $\varnothing\ 15^{H7}$ ein?

1. Messschieber
2. Grenzlehrdorn 15^{H7}
3. Maßverkörperung
4. Feinzeigermessschraube
5. Feinzeiger

21

Welches der angegebenen Gewinde ist ein Bewegungsgewinde?

1. Metrisches ISO-Gewinde
2. Metrisches Feingewinde
3. Whitworth-Gewinde
4. Whitworth-Rohrgewinde
5. Metrisches ISO-Trapezgewinde

22

Wie groß ist die gestreckte Länge des Werkstücks?

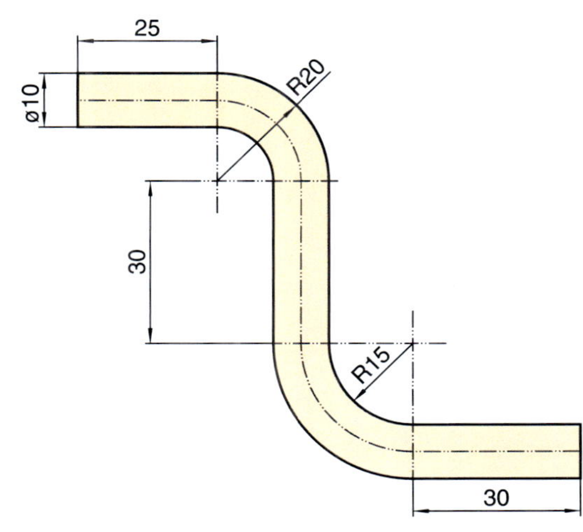

1. 96,42 mm
2. 102,16 mm
3. 116,2 mm
4. 139,95 mm
5. 146,28 mm

23

Welche Aussage ist richtig?

1. Maße ohne Toleranzangaben müssen absolut genau gefertigt werden.
2. Allgemeintoleranzen gelten nur für Bohrungen.
3. Toleranzen sind so groß wie möglich und so klein wie nötig zu wählen.
4. Je größer das Nennmaß, umso kleiner sind die Toleranzen.
5. Höchstmaß = Nennmaß – oberes Abmaß.

24

Für welche Stiftverbindung gelten die folgenden Angaben?

Lagesicherung von Bauteilen,
Bohren: 0,1 bis 0,3 mm Untermaß, Reiben H7.

1. Kegelstift
2. Zylinderstift
3. Spannstift
4. Kerbstift
5. Feder-Passstift

25

Welches Maß wird mit dem Messschieber gemessen?

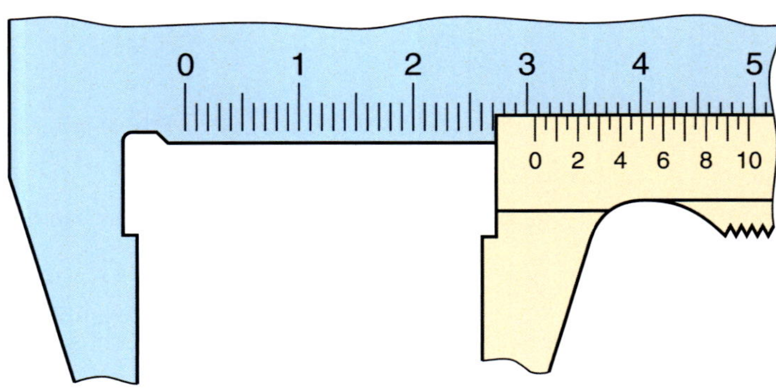

1. 30 mm
2. 30,55 mm
3. 30,6 mm
4. 30,72 mm
5. 30,81 mm

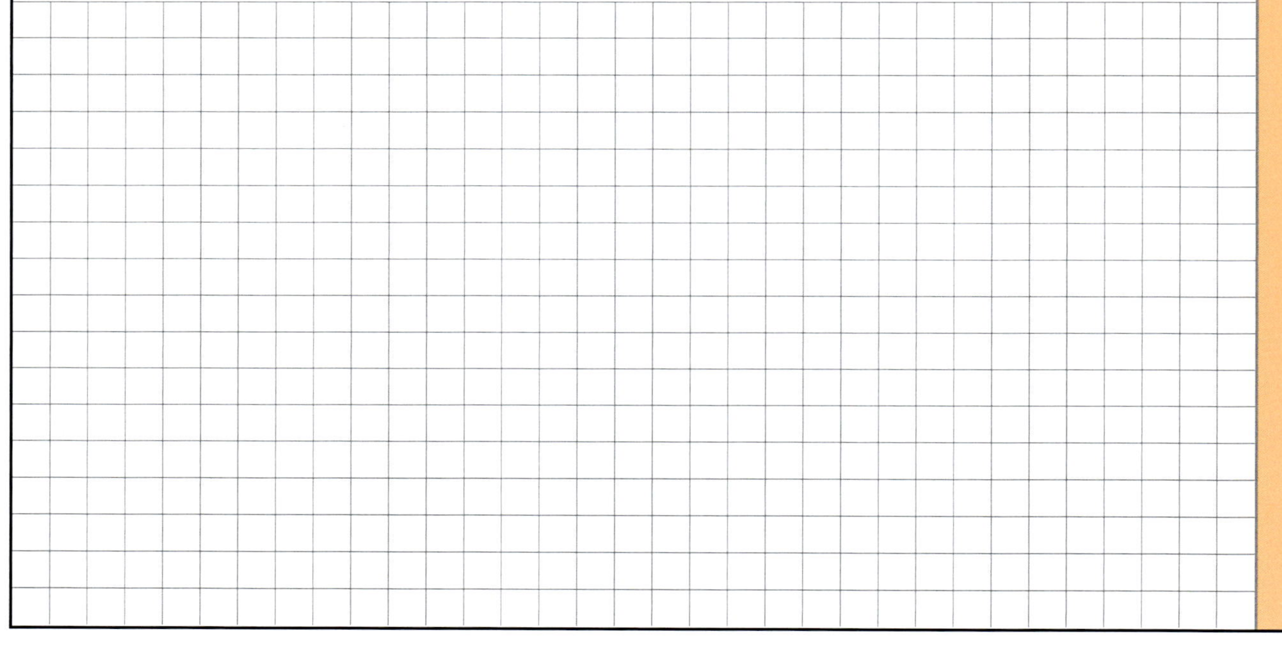

01

Über eine Verlängerungsleitung des Typs H07RN-F 3G1,5 wird ein Heizgerät angeschlossen. Die Leitungslänge beträgt 10 m.

1. Was bedeuten die Angaben zum Leitungstyp?

H:

07:

R:

N:

F:

3:

G:

1,5:

2. Das Heizgerät nimmt einen Strom von 7,5 A auf. Die Spannung am Anfang der Verlängerungsleitung beträgt U_1 = 234,8 V.
   Welche Spannung liegt am Ende der Verlängerungsleitung an?

Punkte
10 bis 0

02

Übersetzen Sie den Text.

Optoelectronic sensors

Optoelectronic sensors essentially consist of a light emitter and a receiver.
They respond to changes in brightness of the received light caused by objects in the light beam.
The evaluation of the change in brightness produces a switching signal.

Light on: output in the case of active light incidence.
Dark on: output in the case of active beam interruption.

Optoelectronic sensors work with modulated light.
This prevents outside influence such as sunlight and light sources from having an effect.

Punkte
10 bis 0

03

1. Welches Betriebsmittel (nach Herstellerunterlagen) ist dargestellt?

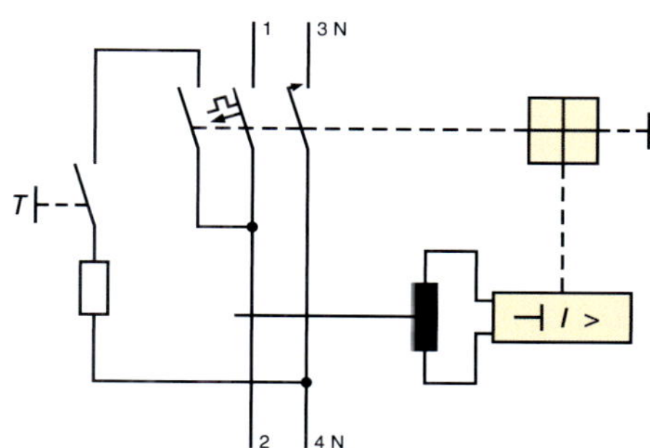

2. Wofür kann das Betriebsmittel sinnvoll eingesetzt werden?

3. RCDs haben Trennereigenschaft.
   Was bedeutet das?

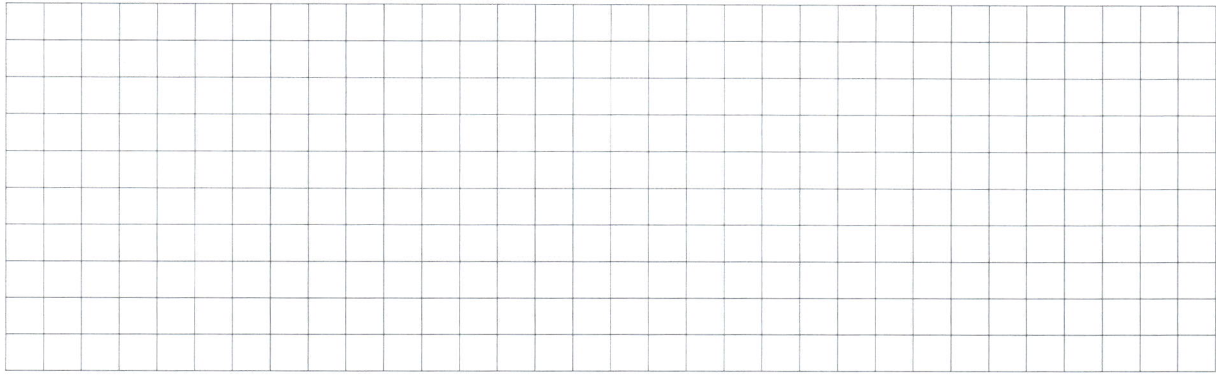

4. Ein RCD trägt u. a. das Symbol **S** .
   Was bedeutet das?

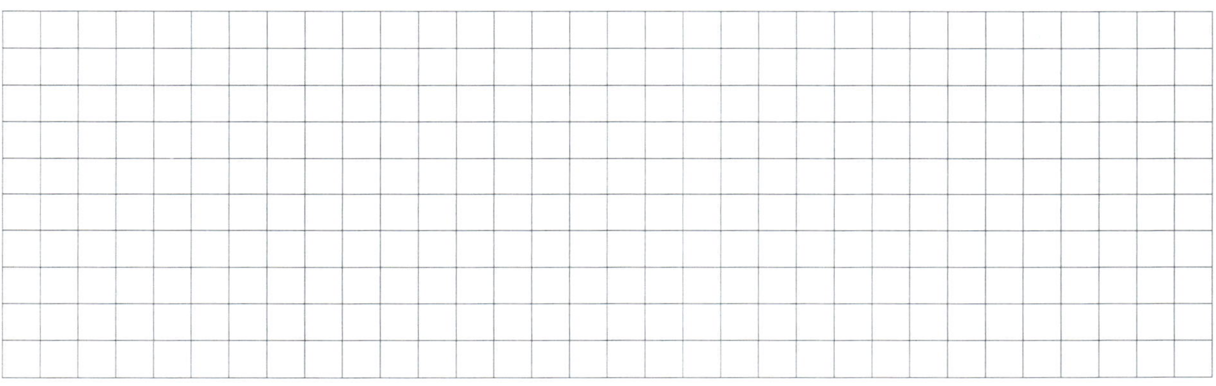

Punkte
10 bis 0

04

Eine Last von 500 kg soll mithilfe eines Drahtseils angehoben werden (Kran). Das Drahtseil besteht aus 9 Drähten von jeweils 0,5 mm Durchmesser.

Bestimmen Sie die Zugspannung im Drahtseil. $\left(g = 9{,}81\ \frac{\text{m}}{\text{s}^2}\right)$

Punkte 10 bis 0

05

Kleben ist eine stoffschlüssige Verbindung von Werkstoffen mithilfe eines Klebstoffs.

1. Was versteht man bei Kleben unter Kohäsion?

2. Was versteht man bei Kleben unter Adhäsion?

3. Worin besteht der Unterschied zwischen Kaltklebstoffen und Warmklebstoffen?

Punkte
10 bis 0

06

Dargestellt ist eine elektropneumatische Schaltung.

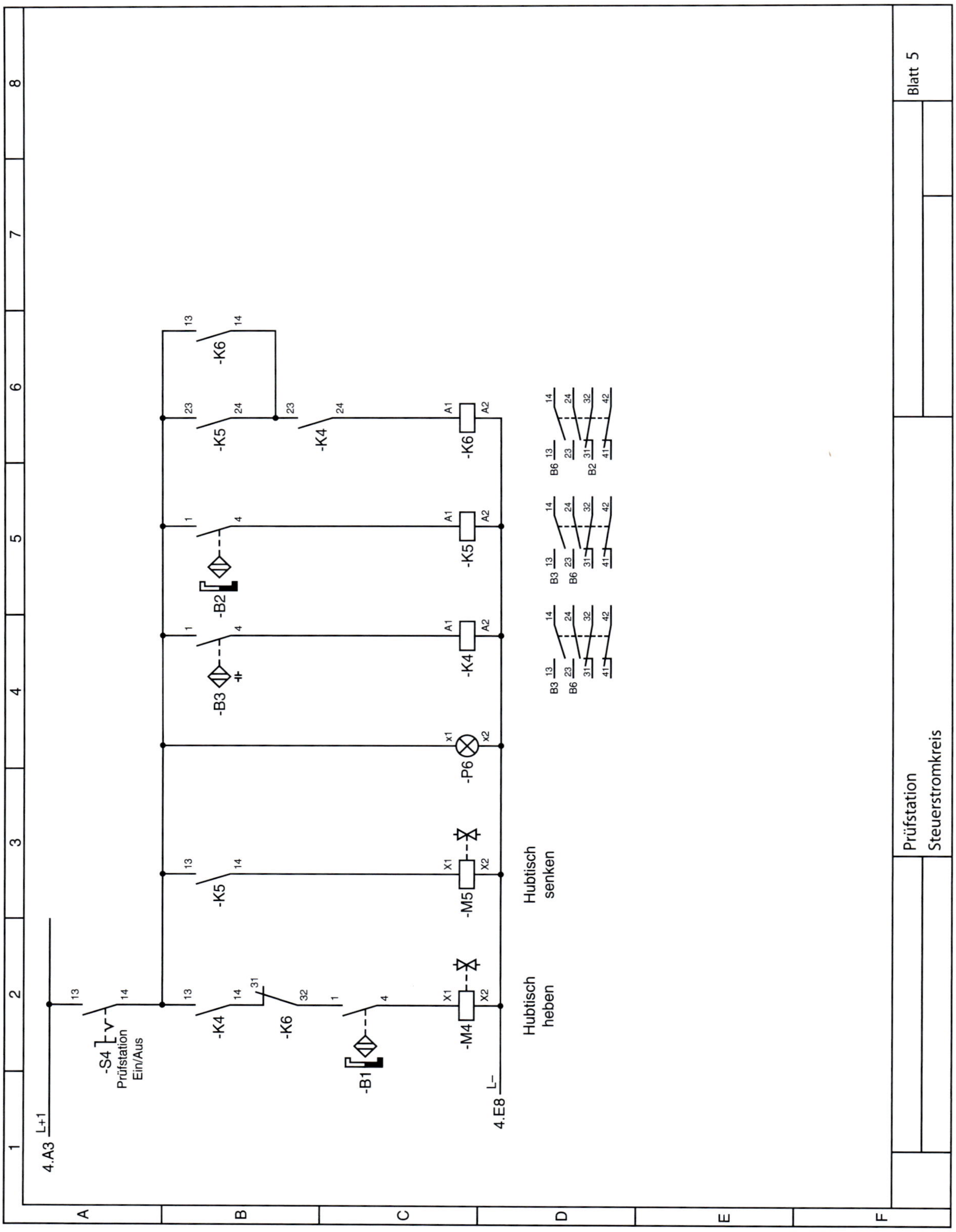

Prüfstation
Steuerstromkreis
Blatt 5
-S4 Prüfstation Ein/Aus
Hubtisch heben
Hubtisch senken

1. Worum handelt es sich beim Betriebsmittel B3?
   Was kann dieses Betriebsmittel erfassen?

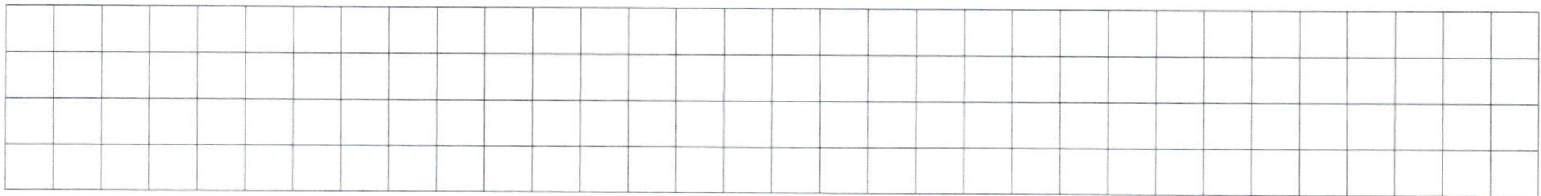

2. Was bedeutet die Angabe 4.A3 vor L+1?

3. Unter welcher Voraussetzung leuchtet P6?

4. Welche Funktion hat das Schütz K6?

Punkte
10 bis 0

07

Stromlaufplan nach Aufgabe 6.

1. Es soll hierfür ein Steuerungsprogramm in Funktionsplandarstellung erstellt werden. Ergänzen Sie die Darstellung.

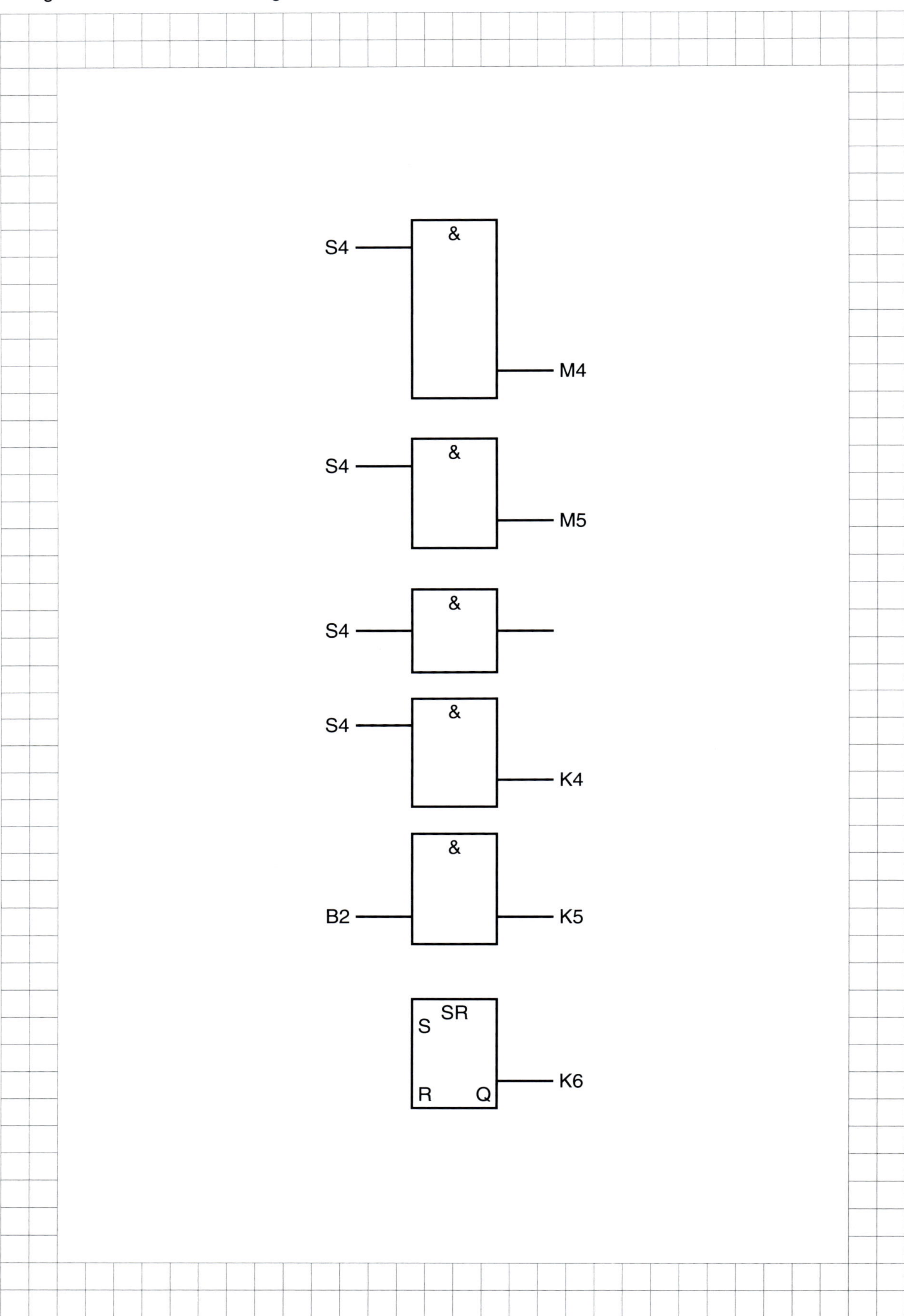

2. Welches Speicherverhalten hat der dargestellte Speicher?
   Was bedeutet das?

3. Was bedeutet es, wenn Öffner drahtbruchsicher sind?

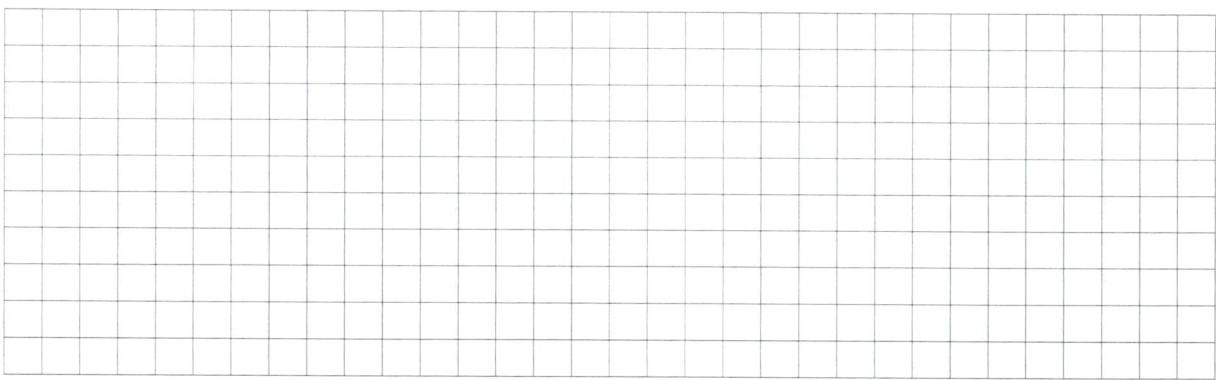

Punkte
10 bis 0

08

Pneumatikplan einer Hubeinrichtung.

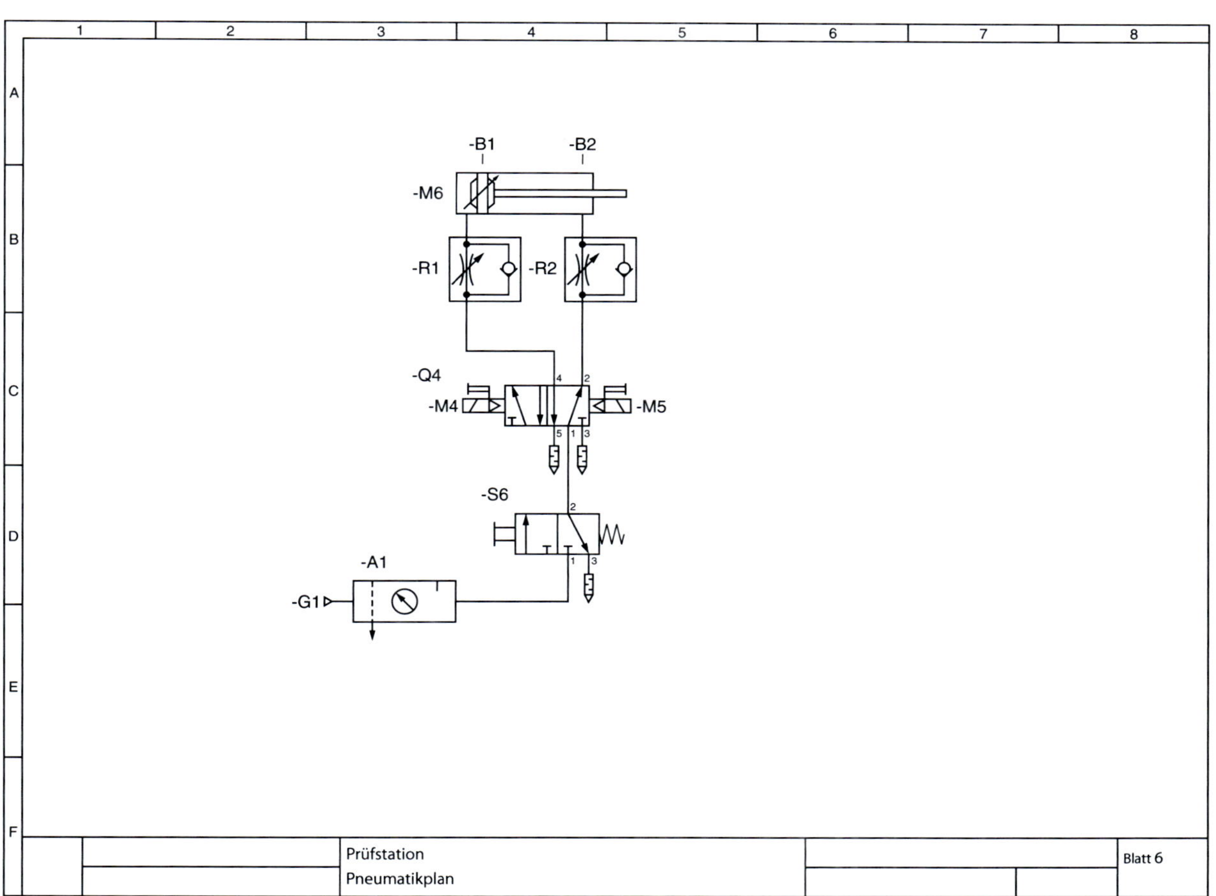

1. Um welche Bauelemente handelt es sich bei R1 und R2?

2. Beschreiben Sie die Arbeitsweise des Bauelements R2.

3. Was bedeutet der Pfeil im Symbol des doppelt wirkenden Zylinders?

4. Die Magnetspule M4 wird kurzzeitig an Spannung gelegt (24 V DC).
Welche Auswirkung hat das?

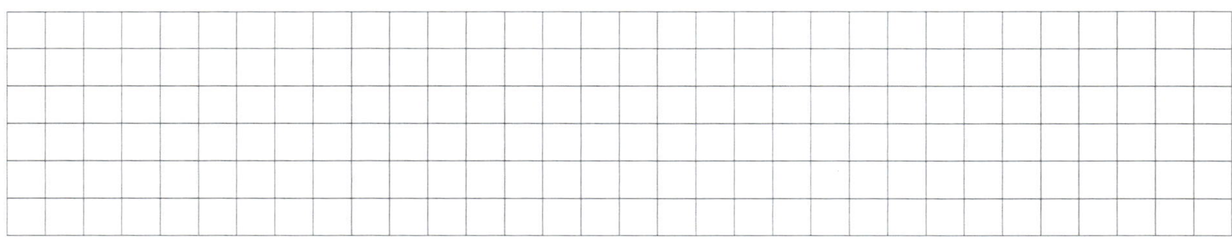

Punkte
10 bis 0

09

1. Beim Schutz gegen elektrischen Schlag wird zwischen Basisschutz, Fehlerschutz und Zusatzschutz unterschieden.
   Erläutern Sie diese Begriffe.

2. Ergänzen Sie die Tabelle der drei Schutzklassen.

Schutzklasse	Beschreibung	Symbol
I		
II	Schutz durch verstärkte oder doppelte Isolierung	
III		

3. Orte erhöhter Stromempfindlichkeit erfordern den Einsatz einer Fehlerstrom-Schutzeinrichtung mit $I_{\Delta N} \leq 30$ mA. Warum ist das so?

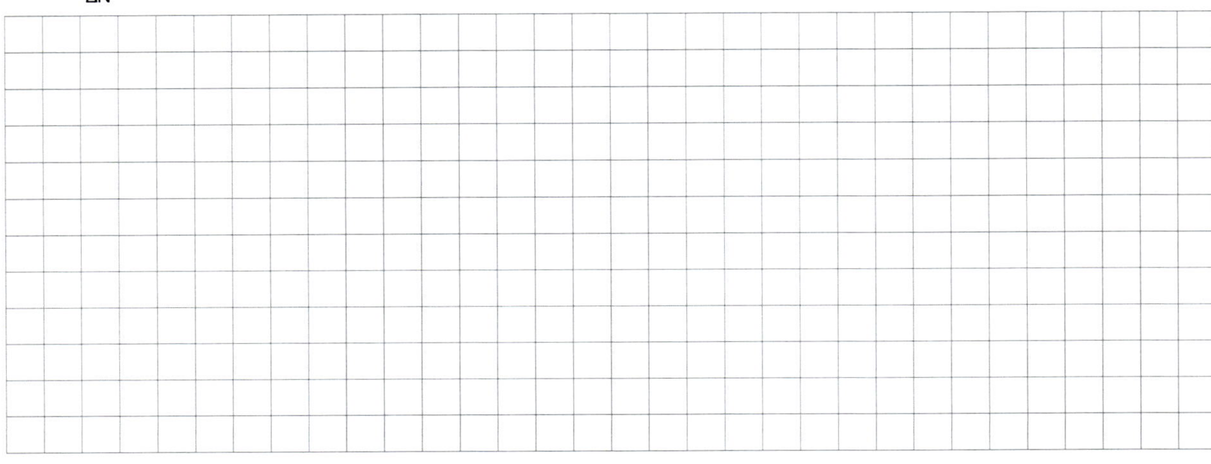

Punkte
10 bis 0

10

Messabweichungen sind praktisch unvermeidlich.

1. Was versteht man unter systematischen Messabweichungen?

2. Was versteht man unter zufälligen Messabweichungen?

3. Was versteht man unter Auflösung?

4. Welcher Messfehler ist unten dargestellt?

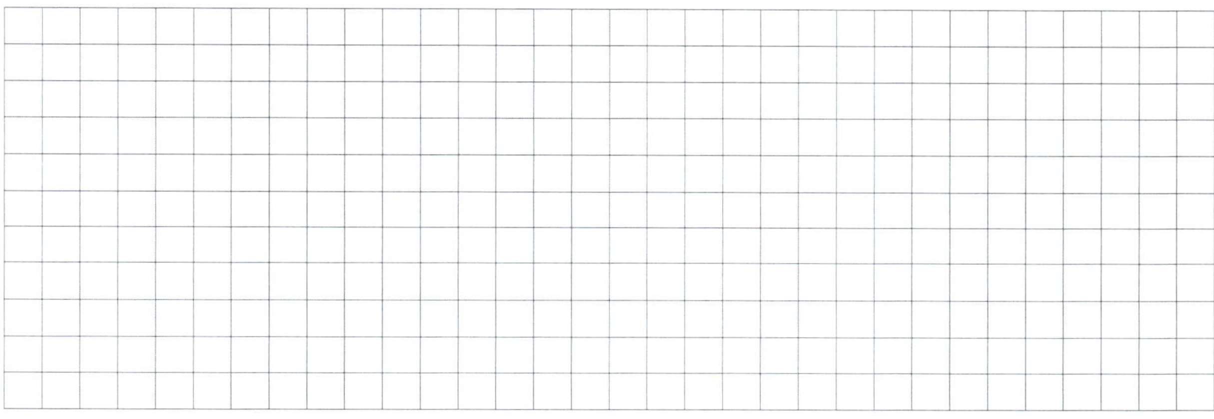

5. Unter welcher Voraussetzung können Parallaxenfehler auftreten?

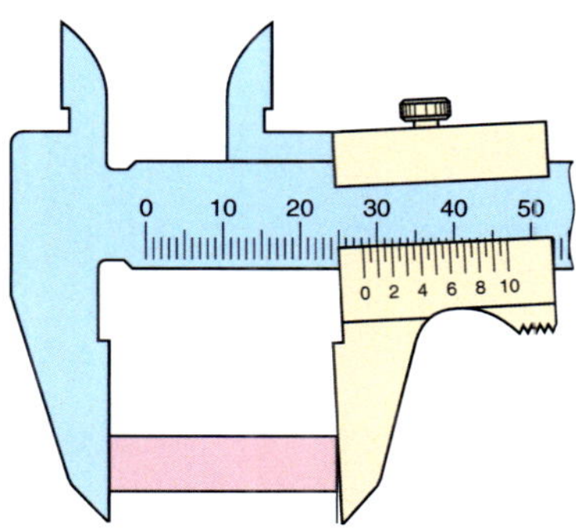

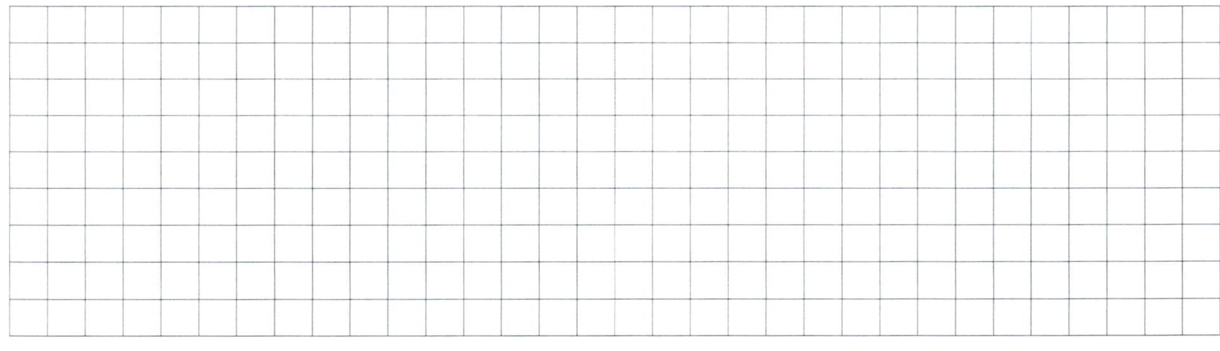

Punkte
10 bis 0

01

Die Endlagen des Zylinders werden durch Positionsschalter mit Reedkontakt festgelegt.

Welche Aussage ist richtig?

1. Positionsschalter mit Reedkontakt wirken nur elektromagnetisch.
2. Die Schaltkontakte können durch ein Magnetfeld beeinflusst werden.
3. Solche Positionsschalter sind nur in der Ausführung NC erhältlich.
4. Positionsschalter mit Reedkontakt wirken nicht berührungslos.
5. Solche Positionsschalter erkennen die Annäherung aller Materialien.

02

Für die Erkennung eines neuen Prüflings wird ein kapazitiver Näherungssensor eingesetzt.

Welche Aussage zum Symbol ist richtig?

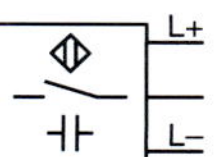

1. Schaltfunktion NC
2. Schaltfunktion NO
3. Der dritte Anschluss dient als Reserve.
4. Es handelt sich um einen induktiven Näherungssensor.
5. Es handelt sich um einen optoelektronischen Sensor.

03

Anordnungsplan und Bedienteil der Steuerung.

Welche Farbangabe ist *falsch*?

1. Not-Aus: rot/gelb
2. Bänder Start: grün
3. Bänder Stopp: rot
4. Fehlermeldung Bänder: weiß
5. Reset: blau

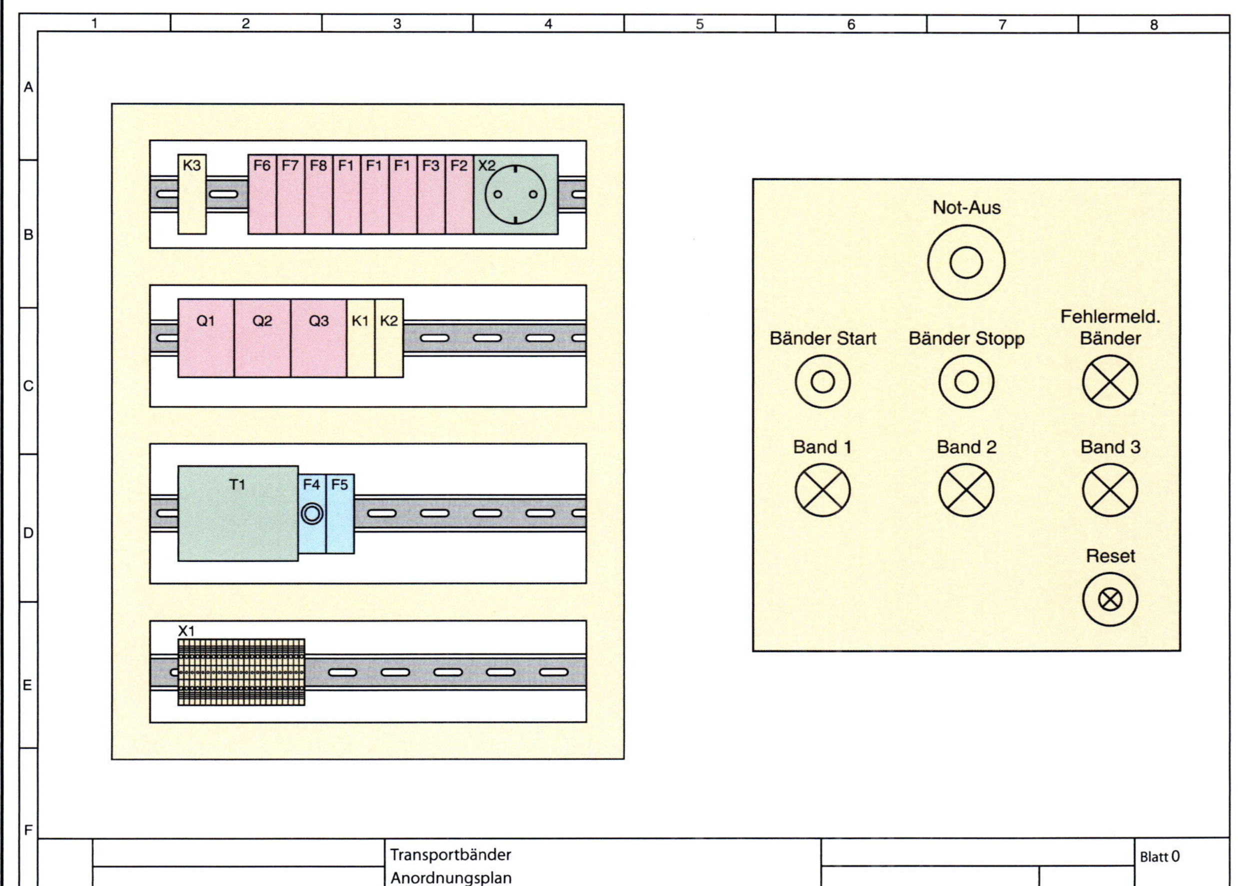

Abbildung zu den Aufgaben 04 und 05.

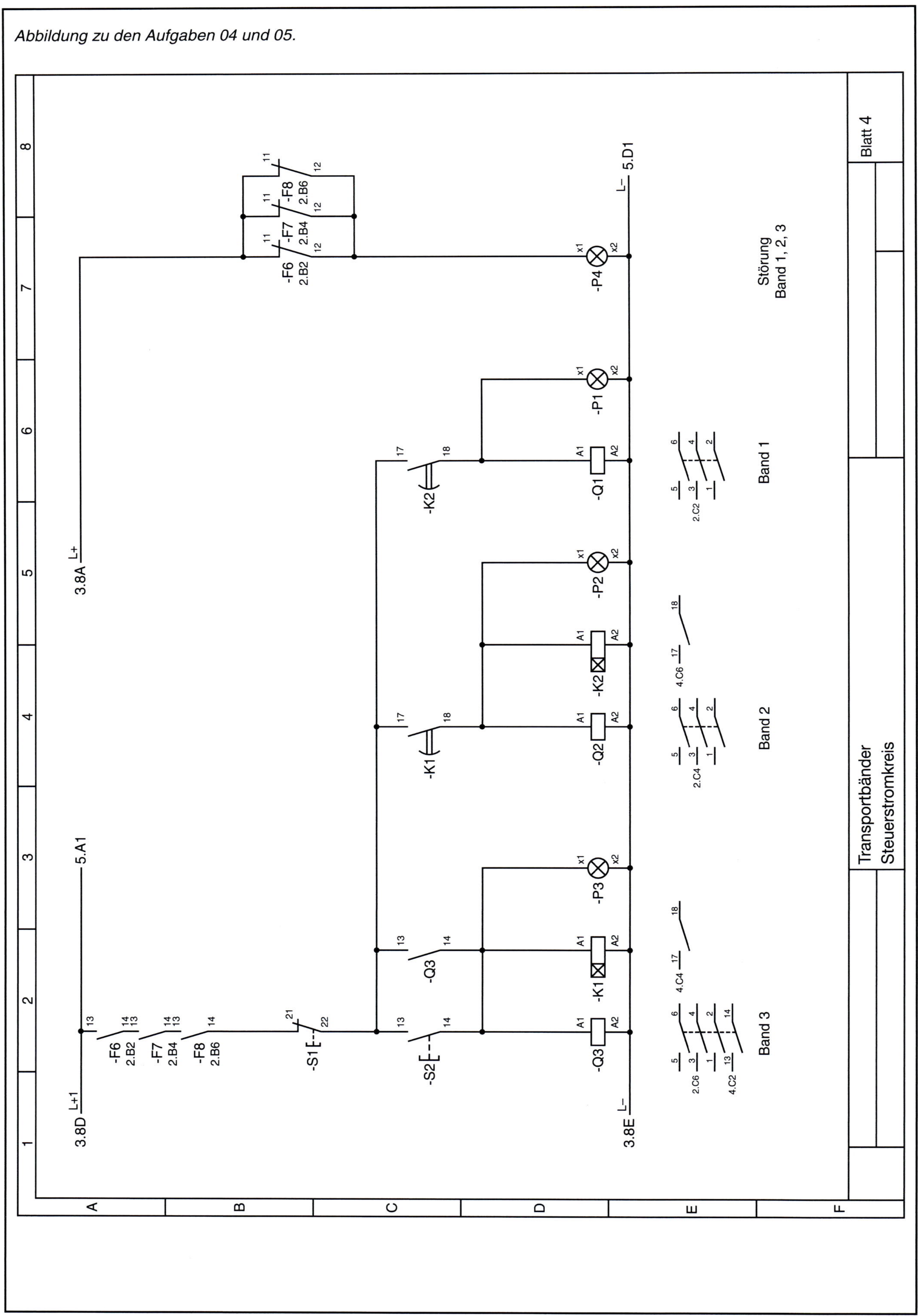

04

Abbildung Seite 100.

Unter welcher Voraussetzung leuchtet P4?

1 Wenn alle Motorschutzschalter ausgelöst haben.

2 Wenn mindestens zwei Motorschutzschalter ausgelöst haben.

3 Wenn mindestens ein Motorschutzschalter ausgelöst hat.

4 Nach Ablauf der Zeit K2.

5 Nach Ablauf der Zeit K1.

05

Abbildung Seite 100.

Welche Aufgabe hat die Schaltung?

1 Es handelt sich um eine Verriegelungsschaltung.

2 Es handelt sich um eine Folgeschaltung mit Einschaltfolge.

3 Es handelt sich um eine Folgeschaltung mit Ausschaltfolge.

4 Es handelt sich um eine Stern-Dreieck-Anlassschaltung.

5 Es handelt sich um eine Wendeschaltung.

06

Ein Bohrer mit dem Durchmesser 10 mm wird mit einer Drehzahl von 650 $\frac{1}{\text{min}}$ angetrieben.

Bestimmen Sie die Schnittgeschwindigkeit v_C in $\frac{\text{m}}{\text{min}}$.

1 $v_C = 12{,}6$ m/min

2 $v_C = 18{,}2$ m/min

3 $v_C = 20{,}4$ m/min

4 $v_C = 26{,}2$ m/min

5 $v_C = 32{,}8$ m/min

07

Die Fertigungsverfahren sind in sechs Hauptgruppen eingeteilt.

In welchem Fall ist die Zuordnung falsch?

1 Hauptgruppe 5: Stoffeigenschaft ändern

2 Hauptgruppe 3: Trennen

3 Hauptgruppe 1: Urformen

4 Hauptgruppe 4: Fügen

5 Hauptgruppe 2: Umformen

08

Die Anzugskraft F_A im Gewinde einer M20-Schraube beträgt 18,66 kN, der Flankendurchmesser der Schraube 18 mm und die Schlüssellänge 20 cm.

Wie groß ist die Schlüsselkraft beim Anziehen?

1 $F_S = 446$ N

2 $F_S = 562$ N

3 $F_S = 672$ N

4 $F_S = 839$ N

5 $F_S = 1000$ N

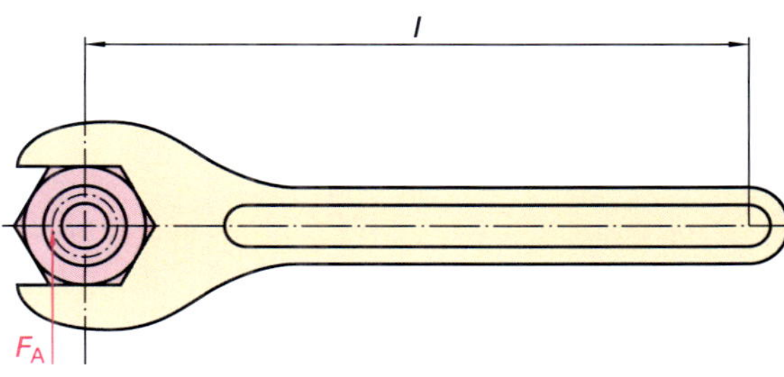

09

Eine M16-Sechskantschraube (Festigkeitsklasse 4.6) hat einen Kerndurchmesser von 13,546 mm.

Mit welcher Kraft darf die Schraube höchstens durch Zug belastet werden, wenn die Streckgrenze 75 % der Mindestzugfestigkeit beträgt und die Sicherheitszahl 7 angenommen wird.

1. $F = 6177$ N
2. $F = 5826$ N
3. $F = 4912$ N
4. $F = 3846$ N
5. $F = 2450$ N

10

Für die Schaltschranksteckdose wird ein zweipoliger RCD eingesetzt.

Kann auch ein vierpoliger RCD hierfür eingesetzt werden?

1. Nein, unter keinen Umständen.
2. Ja, wenn die Kontakte des vierpoligen RCDs durchgeschliffen werden.
3. Ja, wenn die Kontakte des RCD parallel geschaltet werden.
4. Ja, wenn die Wirkung der Prüfeinrichtung bestehen bleibt.
5. Nur wenn der vierpolige RCD den nächsthöheren Bemessungs-Differenzstrom hat.

11

Worin besteht der wesentliche Unterschied zwischen SELV und PELV?

1. SELV darf mit deutlich höheren Spannungen betrieben werden.
2. PELV-Stromkreise dürfen nicht geerdet werden.
3. SELV-Stromkreise müssen geerdet werden.
4. Bezüglich der Erdung des Kleinspannungsstromkreises.
5. Es gibt keinen Unterschied, solange die Spannung 24 V nicht überschreitet.

12

Hauptstromkreis Transportbänder (Seite 11).

Auf welchen Wert sind die Motorschutzeinrichtungen einzustellen?

1. 2,5 A
2. 4 A
3. 3,5 A
4. 2 A
5. 1,73 A

13

Steuerstromkreis Transportbänder Seite 13.

Was zeigt das Signal-Zeit-Diagramm?

1. Dargestellt ist die Wirkung einer Ausschaltverzögerung.
2. Dargestellt ist die Wirkung einer Einschaltverzögerung.
3. Dargestellt ist die Wirkung einer Speicherschaltung.
4. Dargestellt ist eine positive Flankenauswertung.
5. Dargestellt ist eine negative Flankenauswertung.

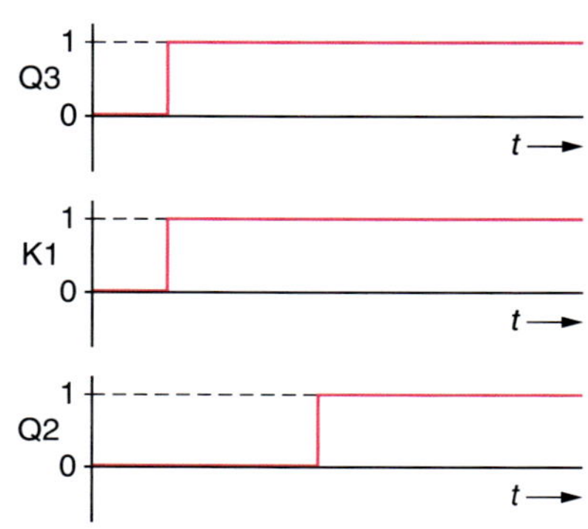

14

Kann der kapazitive Näherungssensor zur Erkennung des nächsten Motors durch einen induktiven Näherungssensor ersetzt werden?

1. Ja, wenn er die gleichen Abmessungen hat.
2. Ja, wenn sämtliche technischen Daten übereinstimmen.
3. Ja, wenn seine Empfindlichkeit einstellbar ist.
4. Nein, der induktive Näherungssensor erkennt nur leitfähige Stoffe.
5. Nein, der induktive Näherungssensor hat keine ausreichende Schutzart.

15

Für die Bandantriebsmotoren gilt die durch das Bildzeichen angegebene Schutzart.

Was bedeutet die Angabe?

1. staubgeschützt
2. staubdicht
3. wasserdicht
4. tropfwassergeschützt
5. spritzwassergeschützt

16

Eine Befestigungsschraube ist mit der Kennzeichnung 9.8 versehen.

In welcher Angabe steht die zutreffende Lösung?

1. R_m = 900 N/mm^2, R_e = 800 N/mm^2
2. R_m = 720 N/mm^2, R_e = 900 N/mm^2
3. R_m = 900 N/mm^2, R_e = 720 N/mm^2
4. R_m = 450 N/mm^2, R_e = 720 N/mm^2
5. R_m = 720 N/mm^2, R_e = 400 N/mm^2

17

Die Führungsbleche sind aus einem Material mit der Werkstoffnummer 1.4301 gefertigt.

Wie lautet der Kurzname dieses Materials?

1. X5CrNi18-10
2. X6Cr17
3. X6CrMoS17
4. 25CrMo4
5. C60

18

Was ist für die dargestellte Industriesteckvorrichtung zutreffend?

1. Die Farbgebung macht keine Aussage zu den technischen Daten.
2. Geeignet für Spannungen über 500 V.
3. Geeignet für Spannungen von 110 V – 130 V.
4. Geeignet für Spannungen von 380 V – 415 V.
5. Geeignet für Spannungen von 220 V – 240 V.

19

Für die Fertigung der Adapterplatte ist eine Bohrung ∅ 6H7 auszuführen.

Was bedeutet diese Maßangabe?

1. ISO-Toleranzangabe, die einzuhalten und zu prüfen ist.
2. ISO-Toleranzangabe, die als Vorschlag anzusehen ist.
3. Das Maß 6 mm darf nur um maximal 75 % überschritten werden.
4. Es handelt sich um das untere Abmaß.
5. Es handelt sich um das obere Abmaß.

20

Welche Aussage zum Senken ist richtig?

1. Schnittgeschwindigkeit beim Senken nur 10 % der Schnittgeschwindigkeit beim Bohren.
2. Senker niemals vom Werkstück abheben.
3. Senker häufiger vom Werkstück abheben.
4. Vorschub beim Senken muss deutlich geringer als beim Bohren sein.
5. Rattermarken auf der Werkstückoberfläche können nicht vermieden werden.

21

Wie bezeichnet man den mit ② bezeichneten Teil einer Reibahle?

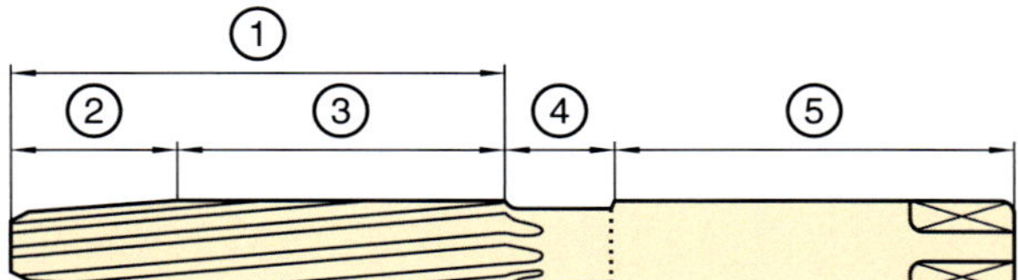

1. Schneidenteil
2. Anschnitt
3. Führung
4. Hals
5. Schaft

22

Die Schraubenverbindung (Schraube 8.8) soll bei 5-facher Sicherheit eine Kraft von 28 kN aufnehmen.

Welcher Schraubendurchmesser ist zu wählen?

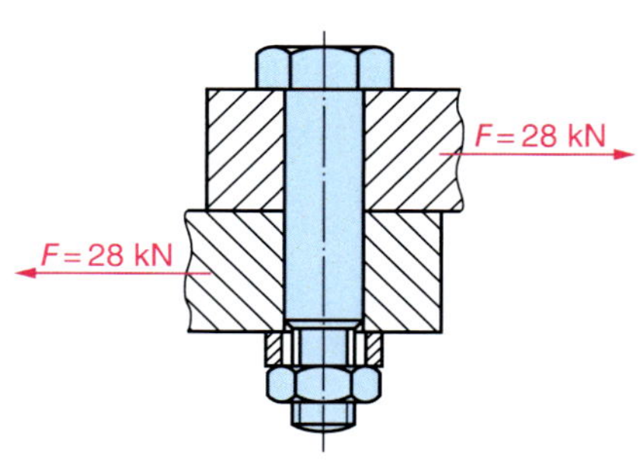

1. M8
2. M10
3. M12
4. M16
5. M24

23

Welche Aussage macht das dargestelle Bearbeitungszeichen?

geläppt
R_Z 1

1. Spanend durch Läppen hergestellt, gemittelte Rautiefe $R_Z \leq 1$ µm.
2. Spanend durch Läppen hergestellt, gemittelte Rautiefe $R_Z \leq 1$ mm.
3. Spanend durch Läppen hergestellt, maximale Rautiefe $R_Z \leq 1$ mm.
4. Spanend durch Läppen hergestellt, minimale Rautiefe $R_Z \leq 1$ µm.
5. Spanend durch Läppen hergestellt, keine besonderen Anforderungen.

24

Unlegierter Baustahl hat nach DIN EN 10 025 die Kurzbezeichnung S235JR.

Wie groß ist die Kerbschlagarbeit?

1. 235 N/mm²
2. 800 N/mm²
3. 27 J
4. 23,5 J
5. 54 J

25

Im Motorstromkreis tritt ein Körperschluss auf.

In welcher Zeit muss Q1 abschalten?

1. $t_{a_{max}} = 0{,}4$ s
2. $t_{a_{max}} = 0{,}2$ s
3. $t_{a_{max}} = 0{,}1$ s
4. $t_{a_{max}} = 40$ ms
5. $t_{a_{max}} = 5$ s

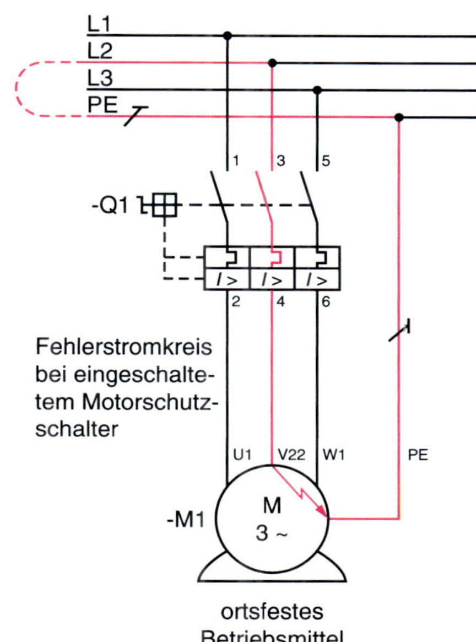

01

Dargestellt ist der Ausschnitt aus einem GRAFCET-Plan der Bandsteuerung.

1. Beschreiben Sie den Ablauf.

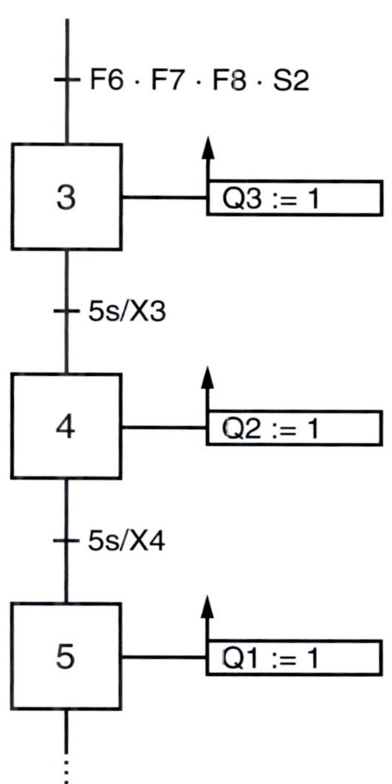

2. Was zeigt das dargestellte Symbol?

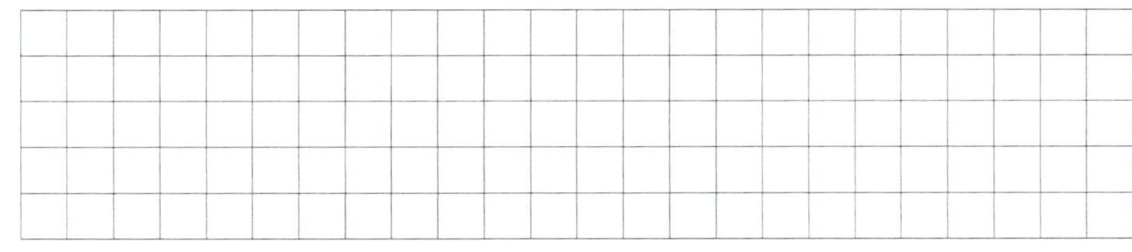

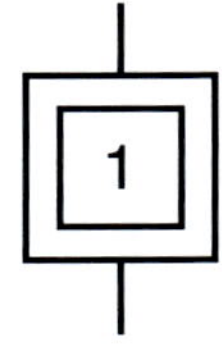

3. Welche Aufgabe wird von dem unter 2 gezeigten Symbol erfüllt?

4. Beschreiben Sie die Funktion der Aktion.

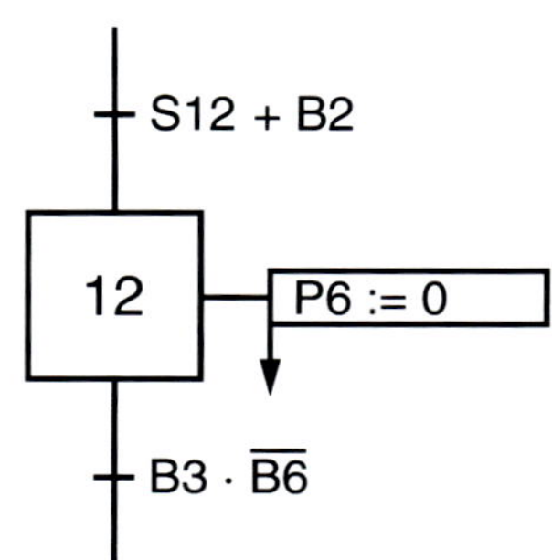

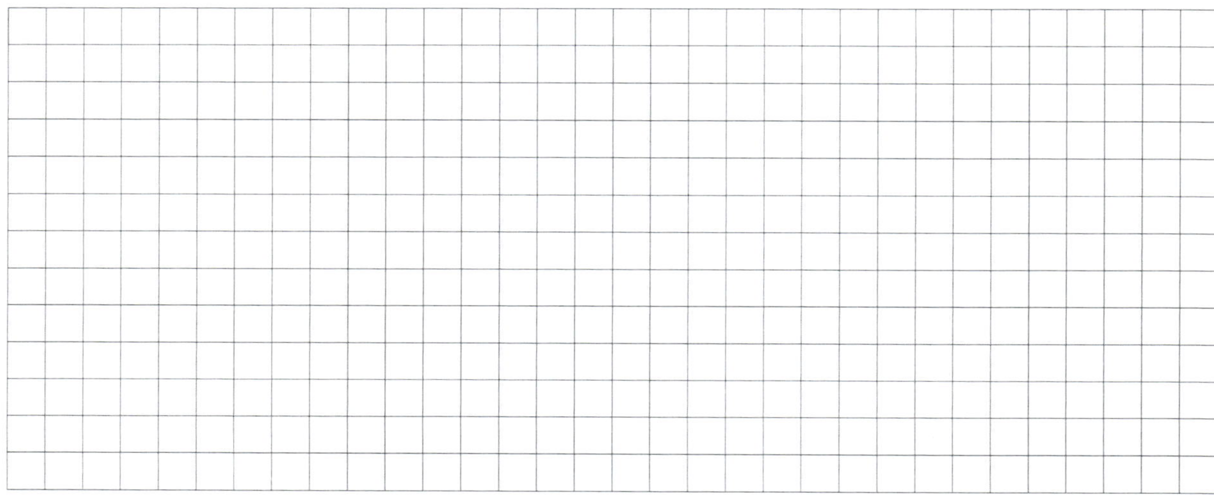

Punkte
10 bis 0

02

Die Hubplatte ist zu fertigen.

Ergänzen Sie den Arbeitsplan.

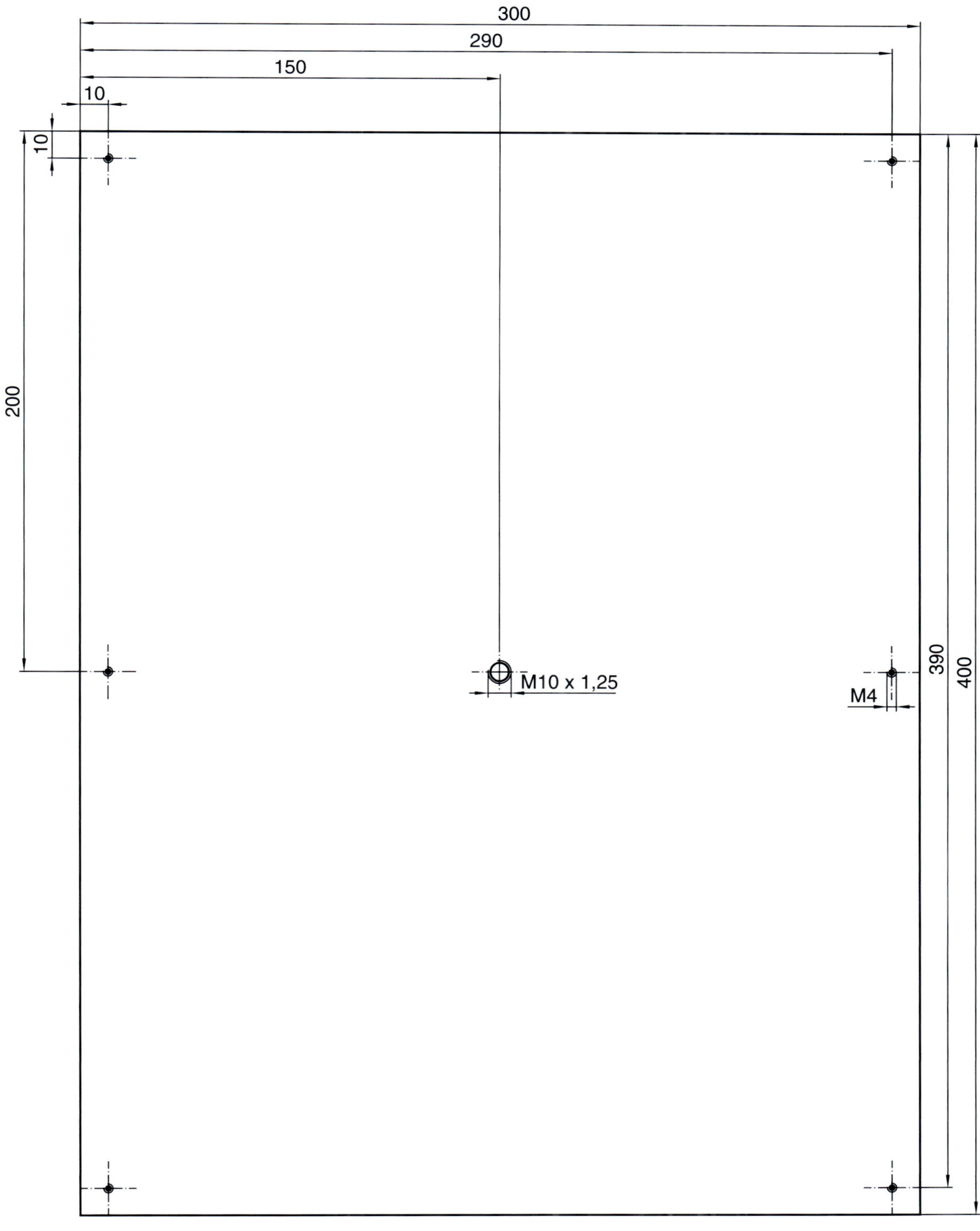

Punkte
10 bis 0

Fortsetzung auf Seite 110.

Fortsetzung von Aufgabe 02

Arbeitsplan		**Werkstück: Hubplatte**	**Werkstoff: AlMg3**
Lfd. Nr.	Arbeitsschritt	Bereitstellung Werkzeuge, Betriebsmittel und Hilfsmittel	Technische Daten
1	Profil 300 mm × 15 mm auf Länge 400 mm absägen	Maschinensäge	
2			
3	Anreißen aller Bohrungen		
4			
5	Kernloch für Gewinde M4 bohren	HSS-Bohrer, Durchmesser 3,2 mm, Kühlschmiermittel	Drehzahl: 4400 1/min
6			
7	Bohrungen entgraten		max. 100 1/min
8	Gewinde M4 schneiden		
9			
10			
Qualitätskontrolle Prüfmittel: Stahllineal Länge: 500 mm, Messschieber und Anschlagwinkel			

03

Dargestellt ist ein technisches System am Beispiel des Transportbands.

1. Nennen Sie wesentliche Kennzeichen technischer Systeme.

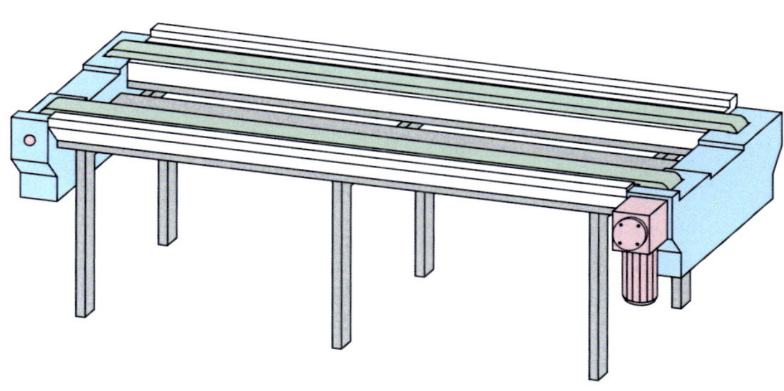

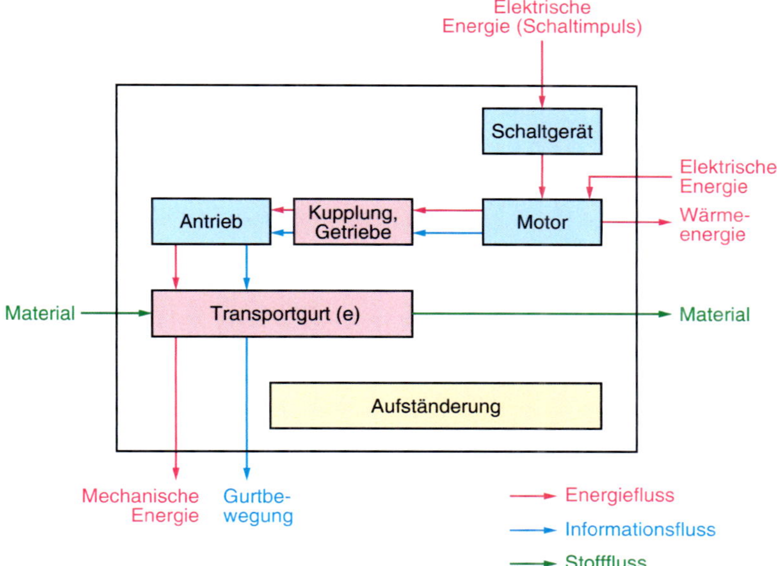

2. Ein System besteht aus Komponenten, denen bestimmte Teilfunktionen zugeordnet sind. Man spricht von Funktionseinheiten. Wenn die Unterteilung hinreichend genau ist, erhält man die Grundfunktion.
Nennen Sie Beispiele für Grundfunktionen.

Punkte
10 bis 0

04

Prüfstation: Pneumatikplan und Steuerstromkreis.

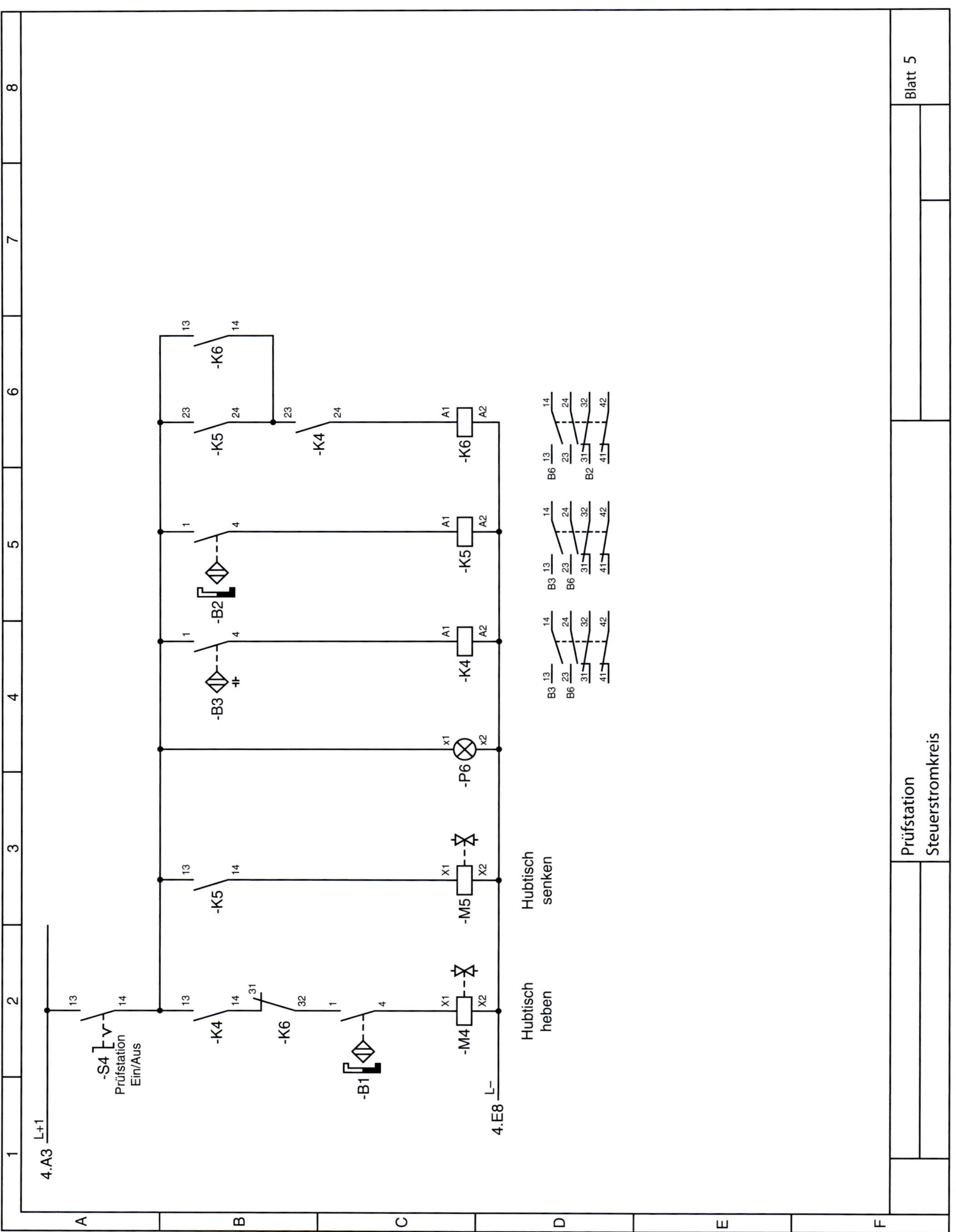

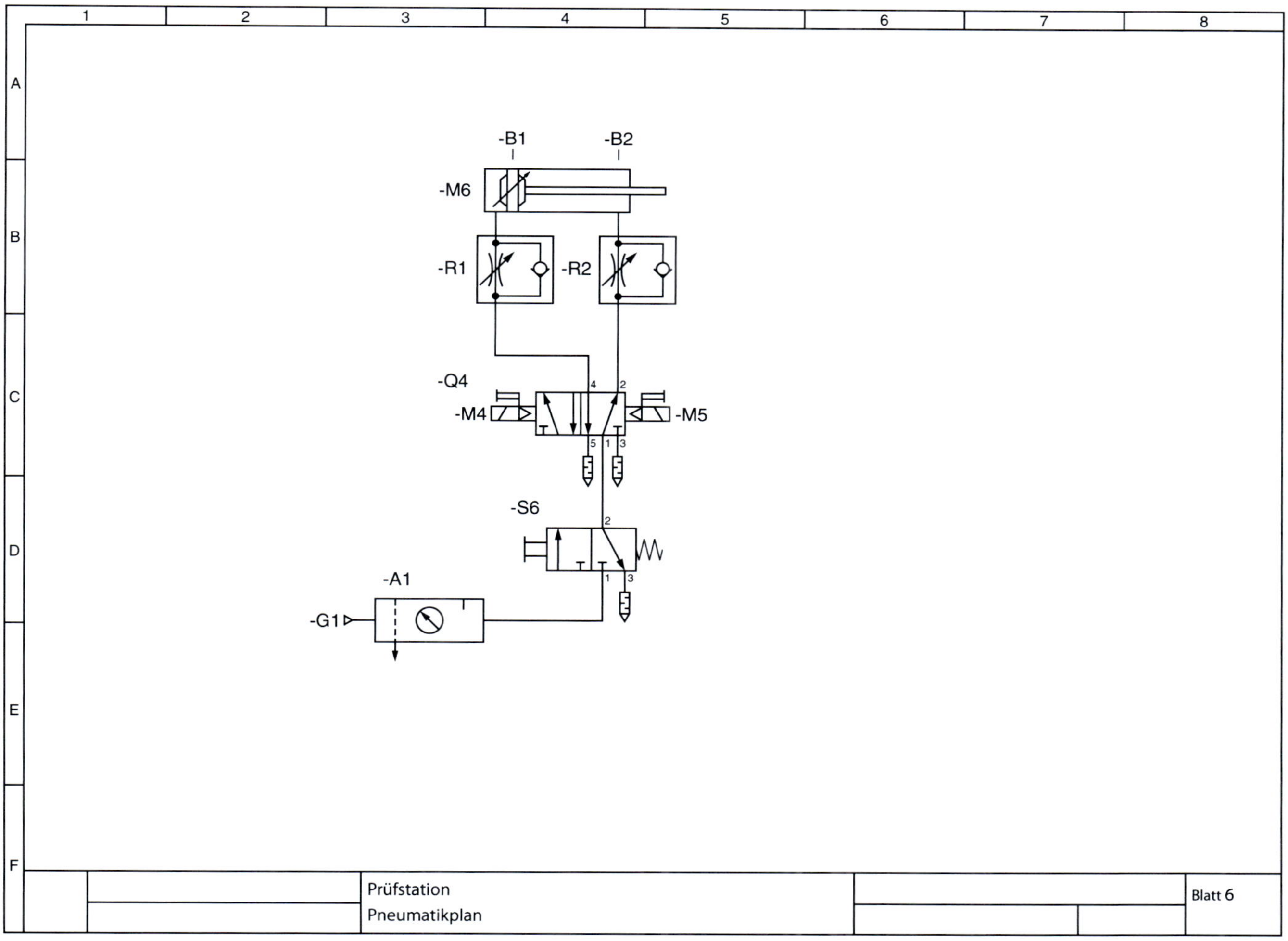

1
2
3
4
5
6
7
8
A
B
C
D
E
F
-B1
-B2
-M6
-R1
-R2
-Q4
-M4
-M5
4
2
5
1
3
-S6
2
1
3
-A1
-G1
Prüfstation
Pneumatikplan
Blatt 6

1. Bei Betrieb zeigt sich ein Fehler:
   Die Prüfstation fährt ständig auf und ab. Die Zylinderstange fährt ständig aus und wieder ein.
   Welche Fehlerursache vermuten Sie?

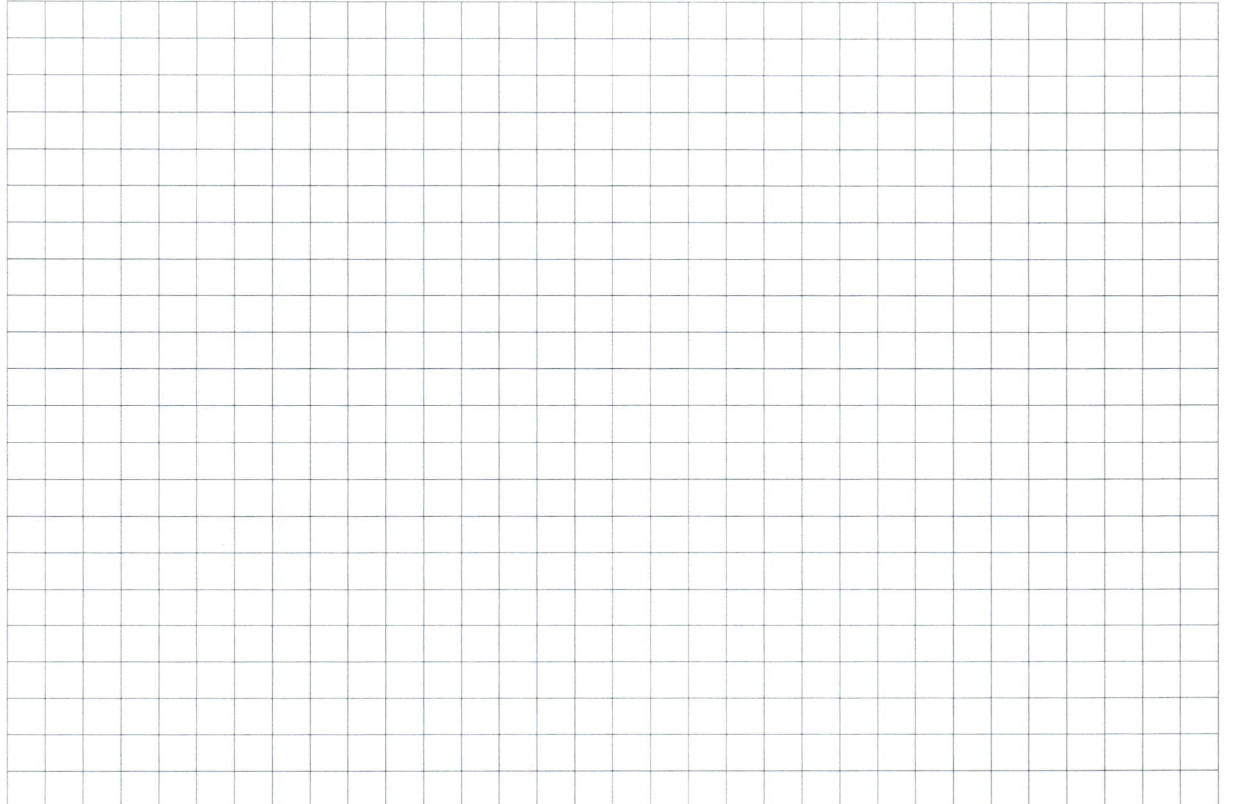

2. Welches Wegeventil kommt zum Einsatz?

3. Beschreiben Sie die Wirkungsweise eines Impulsventils.

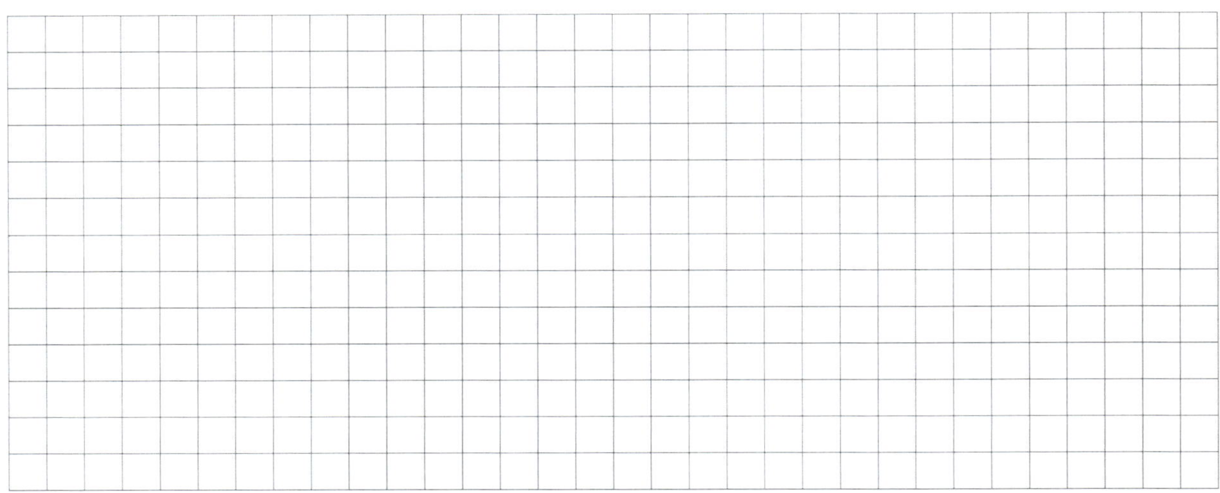

4. Worauf ist beim Einsatz von Impulsventilen zu achten?

5. Aus welchen Komponenten besteht eine Wartungseinheit?

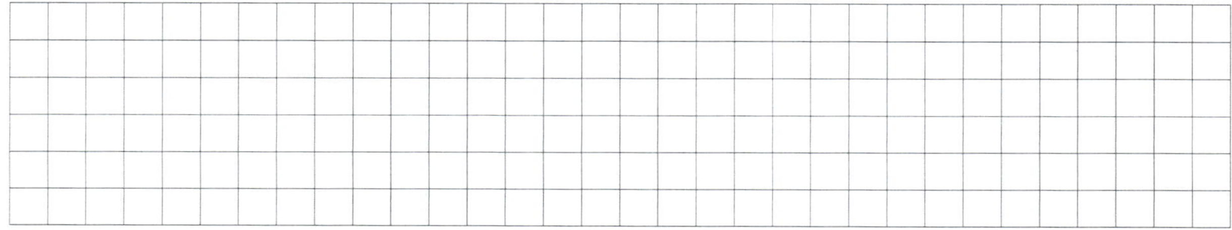

Punkte
10 bis 0

05

1. Ein analog anzeigendes Schalttafelmessgerät hat einen Messbereich von 0 bis 500 V. Angezeigt werden 412 V. Die Klassengenauigkeit ist mit 1,5 angegeben. Zwischen welchen Werten darf die tatsächliche Spannung liegen?

2. Worin besteht der Vorteil analog anzeigender Messgeräte gegenüber digital anzeigenden Messgeräten?

3. Vervollständigen Sie die Tabelle.

Sinnbild	Bedeutung
⊥	
⊓	
☆ (2)	
~	

4. Ein Messgerät hat die Einsatzklasse CAT3. Was bedeutet das?

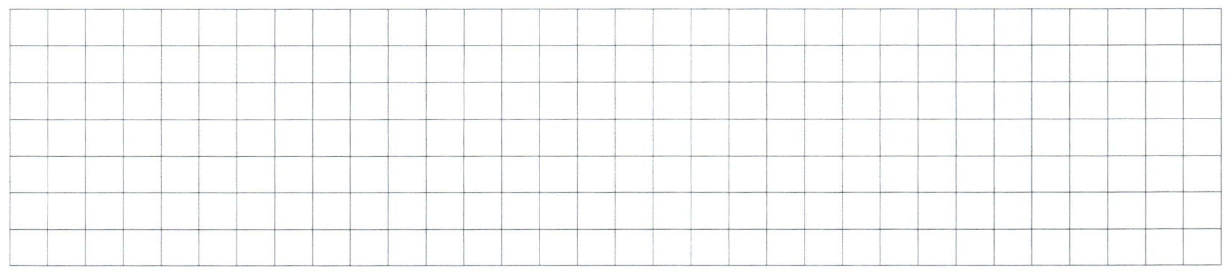

Punkte 10 bis 0

06

Zweikanalbetrieb eines Oszilloskops.
Gemessen werden Spannung (blau) und Strom (rot).
Einstellung: 10 V/DIV, 5 ms/DIV.

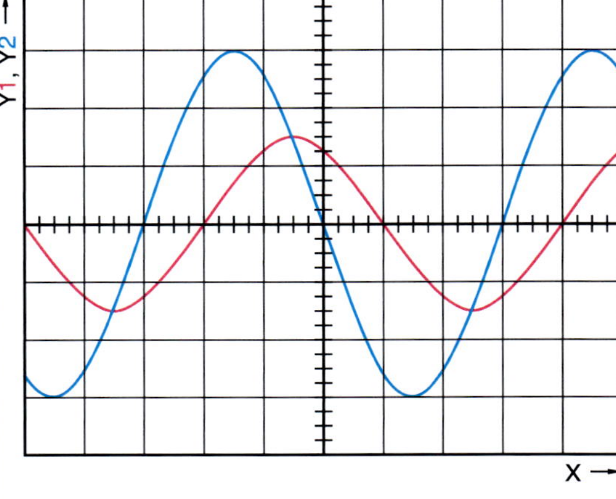

1. Wie groß ist der Effektivwert der Spannung.

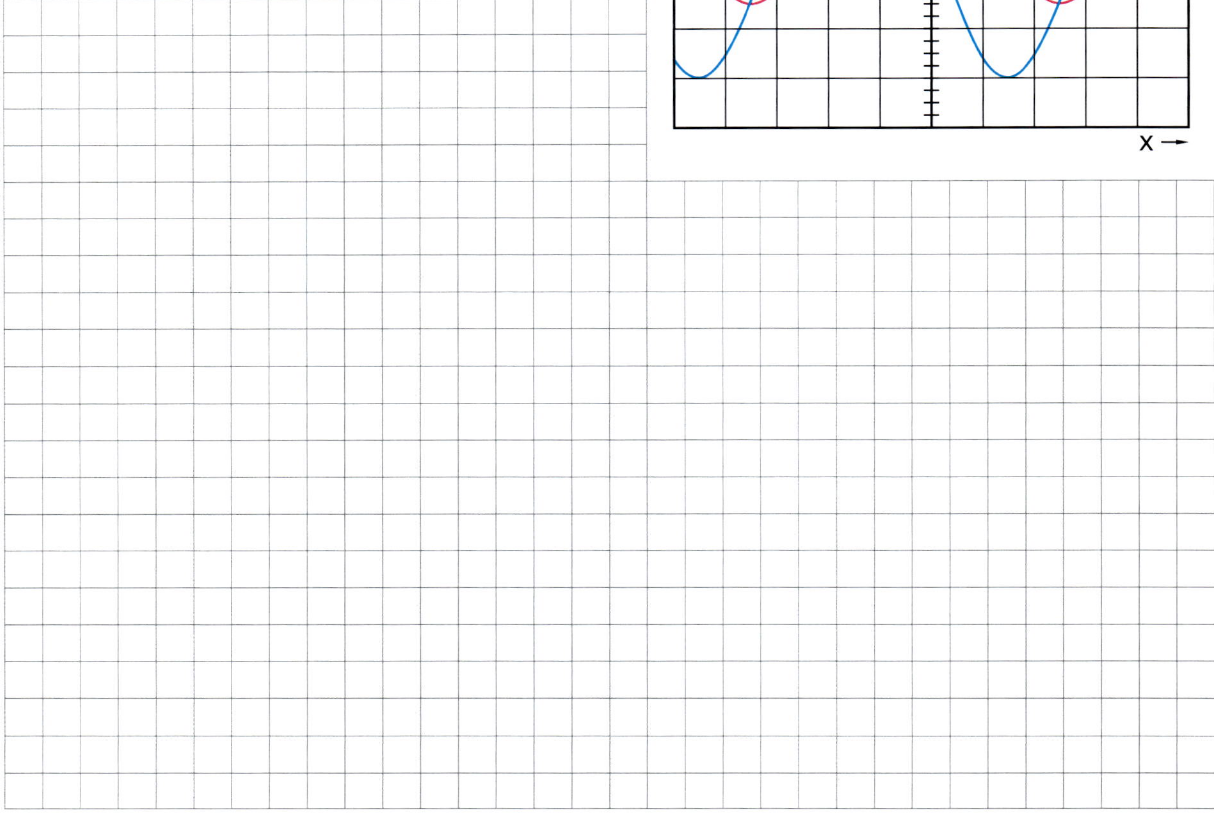

2. Wie groß ist die Frequenz der Spannung?

3. Ermitteln Sie die Phasenverschiebung zwischen Strom und Spannung.

4. Kann mit einem Oszilloskop der Strom gemessen werden?

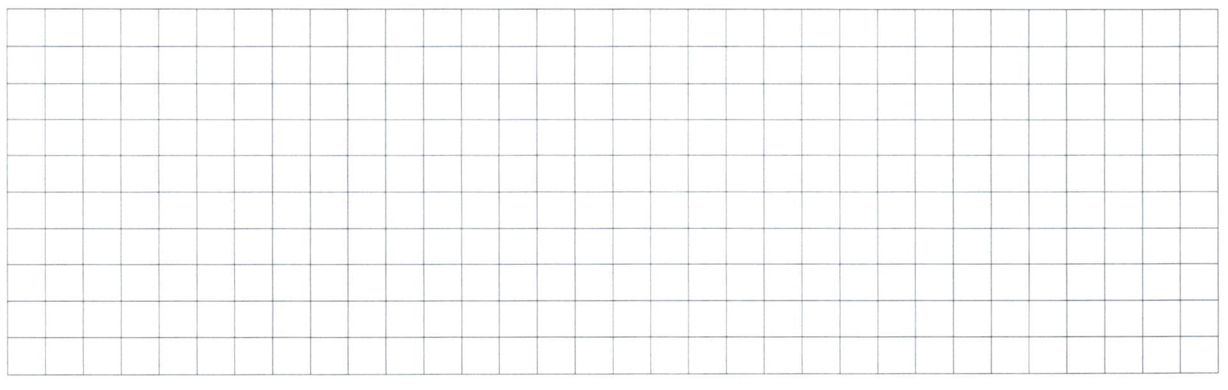

Punkte
10 bis 0

07

Für die Prüfstation sind

Strebe	AlMg3
Hubplatte	AlMg3
Führungsbleche	1.4301
Adapter	S235JT

zu fertigen.

1. Beschreiben Sie die verwendeten Werkstoffe.

2. Was bedeutet die Angabe Mindeststreckgrenze?

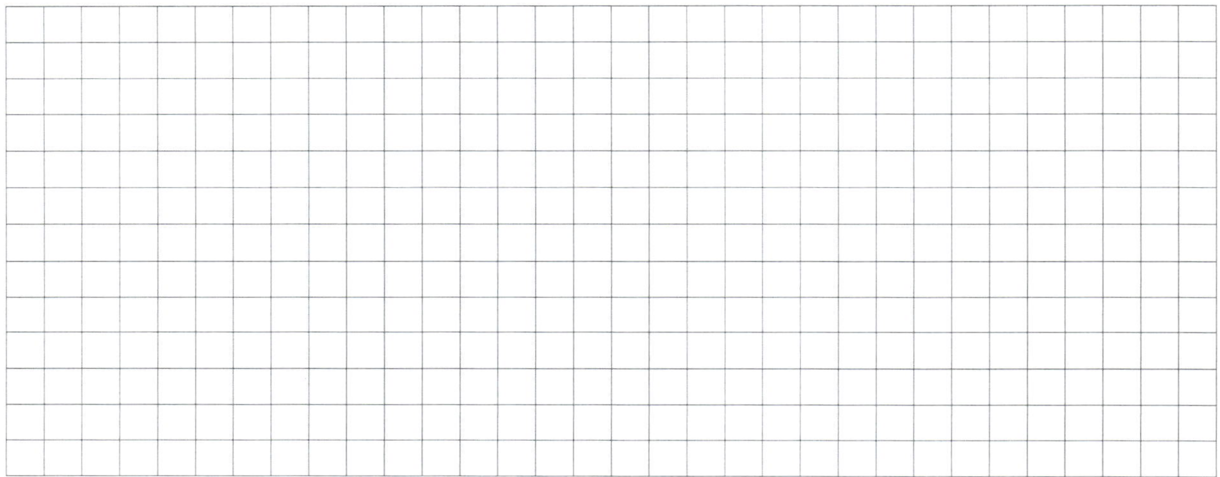

3. Wodurch werden niedriglegierte und hochlegierte Stähle unterschieden?

4. Legieren ist die Vermischung verschiedener Metalle im flüssigen Zustand. Die Legierungselemente werden durch den Verwendungszweck bestimmt. Ergänzen sie die Tabelle.

Legierungszusatz	Ergebnis
Silizium (Si)	erhöht die Elastizität

Punkte 10 bis 0

08

Auf einem Scheibenfräser wirkt ein Drehmoment von $M = 175$ Nm bei einer Drehzahl von $n = 275 \frac{1}{\text{min}}$.

1. Bestimmen Sie die Nutzleistung in kW.

2. Ermitteln Sie für einen Wirkungsgrad von $\eta = 0{,}65$ die zugeführte Leistung.

3. Wie groß ist das Drehmoment des Antriebsmotors bei einer Motordrehzahl von $1420\ \frac{1}{\text{min}}$?

Punkte
10 bis 0

09

Bei dem dargestellten Werkstück sollen die Maße ⓐ bis ⓑ geprüft werden.

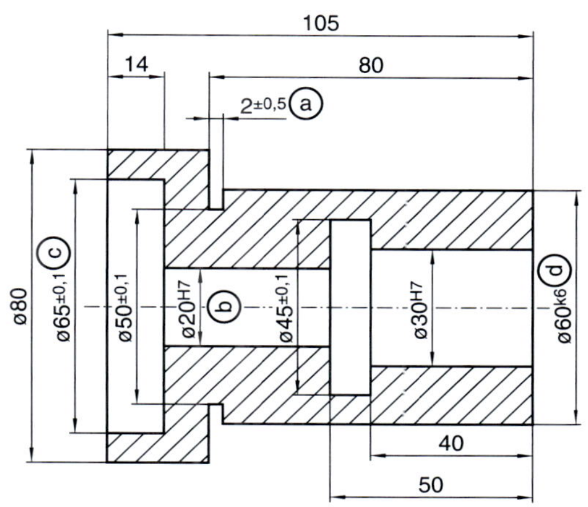

1. Welche Anforderungen werden an Prüfmittel gestellt?

2. Wie kann Maß ⓐ (2 ± 0,5) geprüft werden?

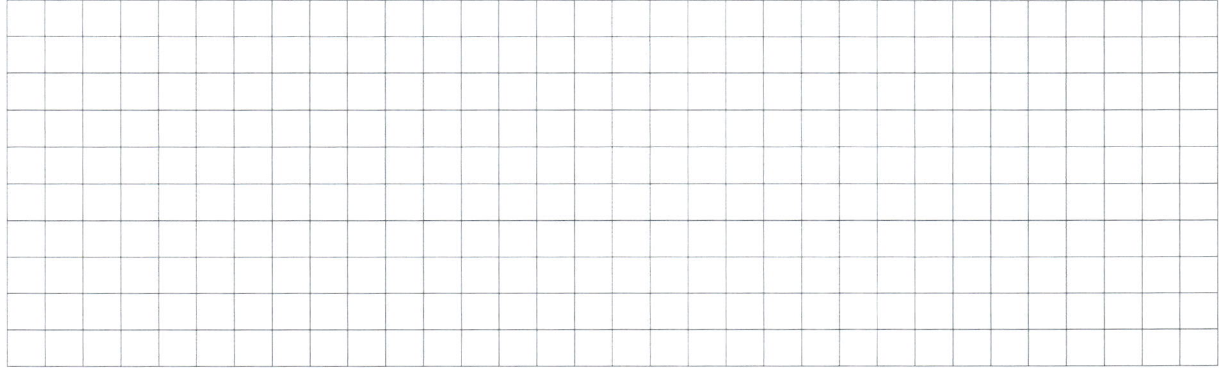

3. Wie kann Maß ⓑ (∅ 20^{H7}) geprüft werden?

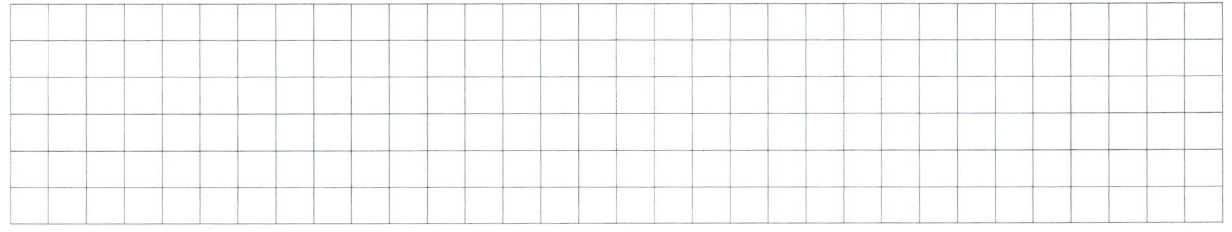

4. Wie kann Maß ⓒ (∅ 65 ± 0,1) geprüft werden?

5. Wie kann Maß ⓓ 60 ± k6 geprüft werden?

Punkte
10 bis 0

10

The use of the SELV and PELV extra low voltage systems can offer protection in case of direct and indirect contact.
Extra low voltages in accordance with these specifications are AC voltages ≤ 50 V and DC voltages ≤ 120 V.
Protection measures against direct contact however may be omitted only in parts of this voltage range.

1. Übersetzen Sie den Text.

2. Schutzkleinspannung bietet Schutz sowohl gegen direktes als auch bei indirektem Berühren.
   Was gilt für die Schutztrennung?

Punkte
10 bis 0

Grundlagen der technischen Mathematik

Dreisatzrechnung

Mithilfe der *Dreisatzrechnung* werden Größen bestimmt, die zu anderen Größen in einem *direkten* oder *indirekten Verhältnis* stehen. Der Rechengang wird in *Sätzen* gegliedert.

1. Behauptungssatz (BS)

2. Folgerungssatz (FS)

3. Schlusssatz (SS)

Einfacher, direkter Dreisatz

Nimmt eine Größe zu, dann wächst auch die andere Größe.
Nimmt eine Größe ab, dann wird auch die andere Größe kleiner.
Die Größen sind *direkt proportional.*

Beispiel 1:

Bei 50 Hz beträgt die Drehzahl 1500 $\frac{1}{\text{min}}$.
Wie groß ist die Drehzahl bei 25 Hz?

1. **BS** 50 Hz entspricht $1500\,\frac{1}{\text{min}}$

2. **FS** 1 Hz entspricht $\dfrac{1500\,\frac{1}{\text{min}}}{50\text{ Hz}}$

3. **SS** 25 Hz entspricht $\dfrac{1500\,\frac{1}{\text{min}}}{50\text{ Hz}} \cdot 25\text{ Hz} = \mathbf{750\,\frac{1}{min}}$

Beispiel 2:

Eine Lackdose enthält bei einer Füllhöhe von 25 cm 5 l Lack.
Nach Arbeitsende ist sie noch 15 cm hoch gefüllt.
Wie viel Liter Lack wurden für die Arbeit benötigt?

1. **BS** 25 entspricht 5 l

2. **FS** 1 cm entspricht $\dfrac{5\text{ l}}{25\text{ cm}}$

3. **SS** 10 cm entspricht $\dfrac{5\text{ l} \cdot 10\text{ cm}}{25\text{ cm}} = \mathbf{2}\text{ l}$

Einfacher, indirekter Dreisatz

Nimmt eine Größe zu, dann nimmt die andere Größe ab.
Wird eine Größe kleiner, dann nimmt die andere Größe zu.
Die Größen sind *indirekt* (umgekehrt) *proportional.*

Beispiel 1: Die erste Größe nimmt zu.

5 Monteure benötigen für eine Arbeit 70 Stunden.

Wie viele Stunden benötigen dann 7 Monteure?

1. **BS**	5 Monteure benötigen	70 h
2. **FS**	1 Monteur benötigt	$70\ \text{h} \cdot 5$
3. **SS**	7 Monteure benötigen	$\frac{70\ \text{h} \cdot 5}{7} = \mathbf{50\ h}$

Beispiel 2: Die erste Größe nimmt ab.

Für eine Baustelle, die in 12 Tagen eingerichtet und in Betrieb genommen werden soll, sind 10 Monteure vorgesehen.

Um wie viele Tage würde sich die Inbetriebnahme verzögern, wenn nur 6 Monteure zur Verfügung stehen?

1. **BS**	10 Monteure benötigen	12 Tage
2. **FS**	1 Monteur benötigt	$12\ \text{Tage} \cdot 10$
3. **SS**	6 Monteure benötigen	$\frac{12\ \text{Tage} \cdot 10}{6} = \mathbf{20\ Tage}$

Zusammengesetzter Dreisatz

Es sind mehr als drei Größen gegeben. Deshalb sind mehrere Folge- und Schlusssätze erforderlich.

Beispiel:

Ein 4 m^2-Blech von 1,6 mm Dicke wiegt 18 kg.

Welches Gewicht in kg hat ein 1,5 m^2-Blech von 1,22 mm Dicke?

1. **BS**	4,0 m^2; 1,6 mm wiegt	18 kg
2. **FS1**	1,0 m^2; 1,6 mm wiegt	$\frac{18\ \text{kg}}{4}$
3. **FS2**	1,0 m^2; 1,0 mm wiegt	$\frac{18\ \text{kg}}{4 \cdot 1{,}6}$
4. **SS1**	1,0 m^2; 1,2 mm wiegt	$\frac{18\ \text{kg} \cdot 1{,}2}{4 \cdot 1{,}6}$
5. **SS2**	1,5 m^2; 1,2 mm wiegt	$\frac{18\ \text{kg} \cdot 1{,}2 \cdot 1{,}5}{4 \cdot 1{,}6} = \mathbf{5{,}1\ kg}$

Prozentrechnung

Die Prozentrechnung ist eine *Dreisatzrechnung*, bei der alle Größen auf den *Grundwert 100* bezogen sind.

$$W = \frac{G \cdot p}{100\ \%}$$

W Prozentwert
G Grundwert
p Prozentsatz

Beispiel 1: Prozentwert W gesucht

Ein Facharbeiter erhält auf seinen Stundenlohn von 22,50 Euro einen Zuschlag von 3 %.

Wie viel Euro sind das?

$$W = \frac{G \cdot p}{100\ \%} = \frac{22{,}50\ \text{Euro} \cdot 3\ \%}{100\ \%} = \mathbf{0{,}67\ Euro}$$

Beispiel 2: Prozentsatz p gesucht

Die Spannung eines Netzes sinkt von 230 V auf 215 V.

Wie viel Prozent sind das?

$$p = \frac{W \cdot 100\ \%}{G} = \frac{15\ \text{V} \cdot 100\ \%}{230\ \text{V}} = \mathbf{6{,}5\ \%}$$

Beispiel 3: Grundwert gesucht

Der Verkaufspreis einer Bohrmaschine wird um 15 % gesenkt.
Das sind 35 Euro gegenüber dem Listenpreis.

Wie hoch ist der Listenpreis?

$$G = \frac{W \cdot 100\ \%}{p} = \frac{35\ \text{Euro} \cdot 100\ \%}{15\ \%} = \mathbf{233\ Euro}$$

Beispiel 4:

Ein ohmscher Widerstand wird mit 47 Ω ± 10 % angegeben.

Zu bestimmen sind der maximale und minimale Widerstandswert.

100 % entspricht 47 Ω

100 % → 47 Ω

1 % entspricht $\frac{47\ \Omega}{100} = 0{,}47\ \Omega$

1 % → $\frac{47\ \Omega}{100} = 0{,}47\ \Omega$

110 % entspricht $\frac{47\ \Omega}{100} \cdot 110 = \mathbf{51{,}7\ \Omega}$

110 % → $\frac{47\ \Omega}{100} \cdot 110 = \mathbf{51{,}7\ \Omega}$

90 % entspricht $\frac{47\ \Omega}{100} \cdot 90 = \mathbf{42{,}3\ \Omega}$

90 % → $\frac{47\ \Omega}{100} \cdot 90 = \mathbf{42{,}3\ \Omega}$

Grundwert (G) = 47 Ω → 100 %

Prozentsatz (P) = ± 10 %

Prozentwert (W) = ± 4,7 Ω

Beispiel 5:

Ein Handwerker berechnet einen Stundensatz von 52,00 Euro zuzüglich 19 % Mehrwertsteuer.

Welcher Betrag wird dem Kunden pro Stunde in Rechnung gestellt?

100 % → 52,00 Euro

$1\ \% \rightarrow \frac{52\ \text{Euro}}{100} = 0{,}52\ \text{Euro}$

$19\ \% \rightarrow \frac{52\ \text{Euro} \cdot 19}{100} = \mathbf{9{,}88\ Euro}$

Stundensatz einschließlich Mehrwertsteuer:
52,00 Euro + 9,88 Euro = **61,88 Euro**.

Potenzrechnung

Potenz = Basis^{Exponent}

10^4

Basis 10
Exponent 4

$10^4 = 10 \cdot 10 \cdot 10 \cdot 10 = 10\,000$ (Potenzwert)

Die *Basis* (10) muss so oft mit sich selbst multipliziert werden, wie es der *Exponent* (2) angibt.

$1000 = 10^3$ $(10 \cdot 10 \cdot 10 = 1000)$

Die Basis 10 muss *dreimal* mit sich selbst multipliziert werden, der Exponent ist somit 3.

Der *Exponent* der Basis 10 gibt die Anzahl der Nullen nach der 1 an.

$10^6 = 1\,000\,000$ (6 Nullen)

Nun muss die *Basis* nicht zwingend 10 sein. Auch andere Zahlen sind als Basis möglich.

$4^3 = 4 \cdot 4 \cdot 4 = 64$

Der *Exponent* kann unbekannt sein.

Zum Beispiel:

$625 = 5^?$

Die Fragestellung lautet:
Wie oft muss 5 mit sich selbst multipliziert werden, damit sich das Ergebnis 625 ergibt?

$625 = 5 \cdot 5 \cdot 5 \cdot 5 = 5^4$

Der Exponent ist 4.

Auch *sehr kleine Zahlen* können durch die Potenzschreibweise anschaulich dargestellt werden.

$0{,}0001 = 10^{?}$

$0{,}0001 = 0{,}1 \cdot 0{,}1 \cdot 0{,}1 \cdot 0{,}1$

$0{,}0001 = \frac{1}{10} \cdot \frac{1}{10} \cdot \frac{1}{10} \cdot \frac{1}{10}$

$0{,}0001 = \frac{1}{10 \cdot 10 \cdot 10 \cdot 10} = \frac{1}{10^4}$

Für $\frac{1}{10^4}$ schreibt man auch 10^{-4}.

Der Exponent −4 besagt, dass 4 Nullen, einschließlich der Null vor dem Komma, geschrieben werden müssen.

$10^{-4} = 0{,}0001$

Die Kapazität eines Kondensators wird auf dem Taschenrechner mit 0,000017 angegeben.

5 Nullen → $1{,}7 \cdot 10^{-5} = 17 \cdot 10^{-6} = 17\ \mu F$

Beachten Sie:

1 mF (Millifarad) $= 10^{-3}$ F = 0,001 F

1 µF (Mikrofarad) $= 10^{-6}$ F = 0,000001 F

1 nF (Nanofarad) $= 10^{-9}$ F = 0,000000001 F

1 pF (Pikofarad) $= 10^{-12}$ F = 0,000000000001 F

1 mm $= 10^{-3}$ m = 0,001 m

1 µm $= 10^{-6}$ m = 0,000001 m

1 km $= 10^{3}$ m = 1000 m

Ziffernschreibweise im Dezimalsystem	Potenz-schreibweise	Zahl gesprochen	Vorsilbe – ihre Abkürzung in Verbindung mit Einheiten (DIN 1301)
0,000 000 000 001	10^{-12}	Billionstel	Pico- (p)
0,000 000 001	10^{-9}	Milliardstel	Nano- (n)
0,000 001	10^{-6}	Millionstel	Mikro- (µ)
0,001	10^{-3}	Tausendstel	Milli- (m)
0,01	10^{-2}	Hundertstel	Zenti- (c)
0,1	10^{-1}	Zehntel	Dezi- (d)
1	10^{0}	(Ausgangs)-Eins	
10	10^{1}	Zehn	Deka- (da)
100	10^{2}	Hundert	Hekto- (h)
1000	10^{3}	Tausend (Tsd)	Kilo- (k)
1 000 000	10^{6}	Million (Mio)	Mega- (M)
1 000 000 000	10^{9}	Milliarde (Mrd)	Giga- (G)
1 000 000 000 000	10^{12}	Billion (Bio)	Tera- (T)

Umrechnen von Einheiten

Beispiel 1:

Wie viel m^2 sind 721 cm^2?

Man geht von der bekannten Grundbeziehung aus:

$1 \text{ m} = 100 \text{ cm} = 10^2 \text{ cm}$

Dann werden beiden Gleichungsseiten quadriert.

$(1 \text{ m})^2 = (10^2 \text{ cm})^2$

Potenzen werden quadriert, indem man die Exponenten miteinander multipliziert.

$1 \text{ m}^2 = 10^4 \text{ cm}^2$ ($1 \text{ m}^2 = 10\,000 \text{ cm}^2$)

$1 \text{ cm}^2 = 10^{-4} \text{ m}^2$ ($1 \text{ cm}^2 = 0{,}0001 \text{ m}^2$)

$721 \text{ cm}^2 = 721 \cdot 10^{-4} \text{ m}^2 = 0{,}0721 \text{ m}^2$

Beispiel 2:

Wie viel cm^3 sind 0,72 m^3?

Grundbeziehung:

$1 \text{ m} = 100 \text{ cm} = 10^2 \text{ cm}$

3. Potenz beider Gleichungsseiten:

$(1 \text{ m})^3 = (10^2 \text{ cm})^3$

$1 \text{ m}^3 = 10^6 \text{ cm}^3$

$0{,}72 \text{ m}^3 = 0{,}72 \cdot 10^6 \text{ cm}^3 = 720\,000 \text{ cm}^3$

Beispiel 3:

Wie viel mm^3 sind 1 m^3?

Grundbeziehung:

$1 \text{ m} = 1000 \text{ mm} = 10^3 \text{ mm}$

3. Potenz bilden:

$(1 \text{ m})^3 = (10^3 \text{ mm})^3$

$1 \text{ m}^3 = 10^9 \text{ mm}^3$

Formelumstellung

Grundsätzlich gilt: Formeln sind Gleichungen, die physikalische Größen miteinander in Beziehung bringen. Auf beiden Seiten des Gleichheitszeichens müssen Zahlenwerte und Einheiten der physikalischen Größen übereinstimmen.

Drehmoment

$$M = \frac{P}{2\pi \cdot n}$$

Einheit des Drehmoments *M* ist Nm (Newtonmeter)
Einheit der Leistung *P* ist W (Watt)
Einheit der Drehzahl (Drehfrequenz) *n* ist $\frac{1}{\text{s}}$

Einheitengleichung:

$$\text{Nm} = \frac{\text{W}}{\frac{1}{\text{s}}} = \text{Ws} \; (1 \text{ Nm} = 1 \text{ Ws} = 1 \text{ J})$$

Auf beiden Seiten des Gleichheitszeichens sind die Einheiten gleich.

Die Formel

$$M = \frac{P}{2\pi \cdot n}$$

soll nach P umgestellt werden.

Wenn auf *beiden* Seiten des Gleichheitszeichens die gleiche mathematische Operation durchgeführt wird, verändert sich der Wert nicht.
Also gilt: Bei der Formelumstellung sind auf beiden Seiten des Gleichheitszeichens die gleichen Operationen durchzuführen.

Werden also beide Gleichungsseiten mit $2\pi \cdot n$ multipliziert, kann die gesuchte Größe P isoliert werden.

$$M = \frac{P}{2\pi \cdot n}$$

$$2\pi \cdot n \cdot M = \frac{P \cdot \cancel{2\pi \cdot n}}{\cancel{2\pi \cdot n}}$$

Auf der rechten Gleichungsseite kürzt sich $2\pi \cdot n$ heraus.

$$2\pi \cdot n \cdot M = P$$

beziehungsweise

$$P = 2\pi \cdot n \cdot M$$

Die Formel

$$M = \frac{P}{2\pi \cdot n}$$

soll nach n umgestellt werden.
Nun steht die gesuchte Größe n im Nenner.

Beide Gleichungsseiten mit $2\pi \cdot n$ multiplizieren:

$$2\pi \cdot n \cdot M = \frac{P \cdot \cancel{2\pi \cdot n}}{\cancel{2\pi \cdot n}}$$

Auf der rechten Gleichungsseite kürzt sich $2\pi \cdot n$ heraus.

$$2\pi \cdot n \cdot M = P$$

Beide Gleichungsseiten durch $2\pi \cdot M$ dividieren:

$$\frac{\cancel{2\pi} \cdot n \cdot \cancel{M}}{\cancel{2\pi \cdot M}} = \frac{P}{2\pi \cdot M}$$

Auf der linken Gleichungsseite kürzt sich $2\pi \cdot M$ heraus.
Stehen bleibt die gesuchte Größe n.

$$n = \frac{P}{2\pi \cdot M}$$

Einheitengleichung:

$$\frac{1}{\text{s}} = \frac{\text{W}}{\text{Ws}}. \quad (1\ \text{Nm} = 1\ \text{Ws})$$

Beispiel 1:

Die gesuchte Größe steht in einer Summengleichung.

$U = U_0 - I \cdot R_i$

soll nach U_0 umgestellt werden.

- Seiten vertauschen (gesuchte Größe steht dann links).

  $U_0 - I \cdot R_i = U$

- Zu beiden Seiten $I \cdot R_i$ addieren.

  $U_0 \cancel{- I \cdot R_i} \cancel{+ I \cdot R_i} = U + I \cdot R_i$

- Auf der linken Seite kürzt sich $I \cdot R_i$ heraus.

  $U_0 = U + I \cdot R_i$

Beispiel 2:

Die gesuchte Größe steht in einer Faktorengleichung.

$W = U \cdot I \cdot t$

soll nach I umgestellt werden.

- Seiten vertauschen (gesuchte Größe steht dann links).

  $U \cdot I \cdot t = W$

- Beide Gleichungsseiten durch $U \cdot t$ dividieren.

  $\frac{\cancel{U} \cdot I \cdot \cancel{t}}{\cancel{U} \cdot \cancel{t}} = \frac{W}{U \cdot t}$

- Auf der linken Gleichungsseite kürzt sich $U \cdot t$ heraus.

  $I = \frac{W}{U \cdot t}$

Beispiel 3:

Die gesuchte Größe steht in einer Quotientengleichung auf dem Bruchstrich.

$A = \frac{d \cdot l \cdot n}{4}$

soll nach d umgestellt werden.

- Seiten vertauschen (gesuchte Größe steht dann links).

  $\frac{d \cdot l \cdot n}{4} = A$

- Beide Seiten mit 4 multiplizieren.

  $\frac{d \cdot l \cdot n \cdot \cancel{4}}{\cancel{4}} = 4 \cdot A$

- Auf der linken Seite kürzt sich die 4 heraus.

  $d \cdot l \cdot n = 4 \cdot A$

- Beide Gleichungsseiten durch $l \cdot n$ dividieren.

  $\frac{d \cdot \cancel{l} \cdot \cancel{n}}{\cancel{l} \cdot \cancel{n}} = \frac{4 \cdot A}{l \cdot n}$

- Auf der linken Seite kürzt sich $l \cdot n$ heraus.

  $d = \frac{4 \cdot A}{l \cdot n}$

Beispiel 4:

Die gesuchte Größe steht in einer Quotientengleichung auf dem Bruchstrich.

$$F_1 = \frac{F_2 \cdot l_2}{l_1}$$

soll nach l_1 umgestellt werden.

- Beide Seiten mit l_1 multiplizieren.

$$F_1 \cdot l_1 = \frac{F_2 \cdot l_2 \cdot l_1}{l_1}$$

- Auf der rechten Seite kürzt sich l_1 heraus.

$$F_1 \cdot l_1 = F_2 \cdot l_2$$

- Beide Seiten durch F_1 dividieren.

$$\frac{F_1 \cdot l_1}{F_1} = \frac{F_2 \cdot l_2}{F_1}$$

- Auf der linken Seite kürzt sich F_1 heraus.

$$l_1 = \frac{F_2 \cdot l_2}{F_1}$$

Beispiel 5:

Die gesuchte Größe steht als Potenz in einer Gleichung.

$P = I^2 \cdot R$

soll nach I umgestellt werden.

- Seiten vertauschen (gesuchte Größe steht dann links).

$$I^2 \cdot R = P$$

- Beide Seiten durch R dividieren.

$$\frac{I^2 \cdot R}{R} = \frac{P}{R}$$

- Auf der linken Seite kürzt sich R heraus.

$$I^2 = \frac{P}{R}$$

- Auf beiden Seiten die Wurzel ziehen.

$$\sqrt{I^2} = \sqrt{\frac{P}{R}}$$

- Auf der linken Seite heben sich Quadratwurzel und Exponent auf.

$$I = \sqrt{\frac{P}{R}}$$

Beispiel 6:

Die gesuchte Größe steht als Wurzel in einer Gleichung.

$l = \sqrt{A}$

soll nach A umgestellt werden.

- Seiten vertauschen (gesuchte Größe steht dann links).

  $\sqrt{A} = l$

- Beide Seiten quadrieren.

  $(\sqrt{A})^2 = l^2$

- Auf der linken Seite heben sich Wurzel und Exponent auf.

  $A = l^2$

Arbeiten mit Kennlinien

Häufig werden Kennlinien mit logarithmischer Teilung einer Achse oder beider Achsen verwendet.
Zum Beispiel die dargestellte Kennlinie eines Kaltleiters. Hier ist nur die R_{KL}-Achse logarithmisch geteilt.
Dargestellt ist die Abhängigkeit des elektrischen Widerstands von der Temperatur.

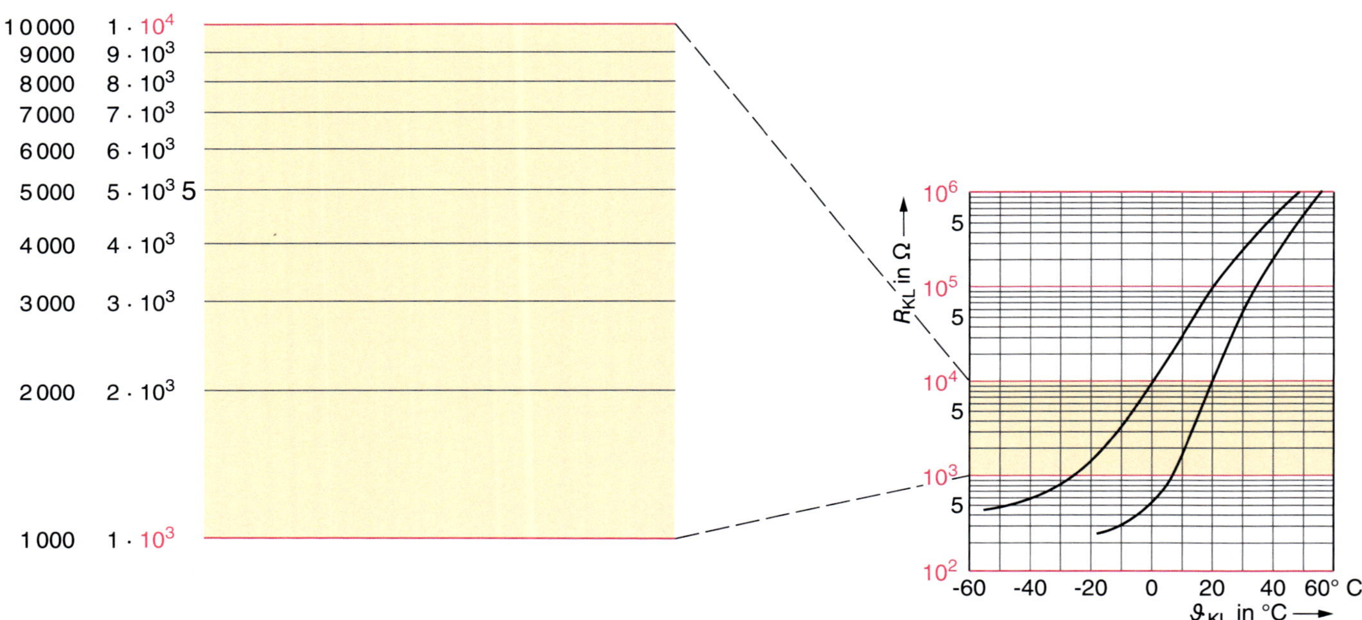

Ablesebeispiel Kennlinie

Bei einer Temperatur von 20 °C ergibt sich

- für die linke Kennlinie: $R_{KL} = 9{,}5 \cdot 10^4\ \Omega = 95\,000\ \Omega$
- für die rechte Kennlinie: $R_{KL} = 1 \cdot 10^4\ \Omega = 10\,000\ \Omega$

Firma	Name	Datum	Gesamtergebnis

Single-Choice-Aufgaben

01	1	2	**3**	4	5	16	1	**2**	3	4	5
02	1	2	**3**	4	5	17	1	2	**3**	4	5
03	1	2	3	**4**	5	18	1	2	**3**	4	5
04	1	2	3	**4**	5	19	1	**2**	3	4	5
05	**1**	2	3	4	5	20	1	2	3	**4**	5
06	1	2	**3**	4	5	21	**1**	2	3	4	5
07	1	**2**	3	4	5	22	1	2	3	4	**5**
08	1	**2**	3	4	5	23	1	**2**	3	4	5
09	1	2	**3**	4	5	24	1	2	**3**	4	5
10	1	**2**	3	4	5	25	**1**	2	3	4	5
11	1	**2**	3	4	5	26	1	2	3	4	5
12	1	**2**	3	4	5	27	1	2	3	4	5
13	1	**2**	3	4	5	28	1	2	3	4	5
14	1	2	3	**4**	5	29	1	2	3	4	5
15	1	**2**	3	4	5	30	1	2	3	4	5

Single-Choice-Aufgaben, Teil 1

Punkte | Divisor = Ergebnis 1

Ungebundene Aufgaben, Teil 2

Punkte | Divisor = Ergebnis 2

Gesamtergebnis (Ergebnis 1 + Ergebnis 2)

Gesamtergebnis

Bewertungsschlüssel

Punkte	Note
0 bis 29	ungenügend
30 bis 49	mangelhaft
50 bis 66	ausreichend
67 bis 80	befriedigend
81 bis 91	gut
92 bis 100	sehr gut

Firma	Name	Datum	Gesamtergebnis

Single-Choice-Aufgaben

01	1	2	3	**4**	5	16	1	2	**3**	4	5
02	1	2	3	4	**5**	17	1	2	3	**4**	5
03	**1**	2	3	4	5	18	**1**	2	3	4	5
04	1	2	**3**	4	5	19	1	2	**3**	4	5
05	**1**	2	3	4	5	20	1	2	3	**4**	5
06	1	2	3	**4**	5	21	1	2	3	**4**	5
07	**1**	2	3	4	5	22	1	2	**3**	4	5
08	1	2	3	**4**	5	23	**1**	2	3	4	5
09	1	2	3	**4**	5	24	1	2	3	**4**	5
10	1	2	**3**	4	5	25	1	2	3	**4**	5
11	1	2	3	4	**5**	26	1	2	3	4	5
12	1	2	3	4	**5**	27	1	2	3	4	5
13	1	**2**	3	4	5	28	1	2	3	4	5
14	1	2	**3**	4	5	29	1	2	3	4	5
15	**1**	2	3	4	5	30	1	2	3	4	5

Single-Choice-Aufgaben, Teil 1

Punkte	Divisor	=	Ergebnis 1

Ungebundene Aufgaben, Teil 2

Punkte	Divisor	=	Ergebnis 2

Gesamtergebnis (Ergebnis 1 + Ergebnis 2)

Gesamtergebnis

Bewertungsschlüssel

Punkte	**Note**
0 bis 29	ungenügend
30 bis 49	mangelhaft
50 bis 66	ausreichend
67 bis 80	befriedigend
81 bis 91	gut
92 bis 100	sehr gut

Firma	Name	Datum	Gesamtergebnis

Single-Choice-Aufgaben

01	1	2	3	4	**5**	16	1	2	**3**	4	5
02	1	2	3	**4**	5	17	1	2	**3**	4	5
03	1	**2**	3	4	5	18	1	2	3	4	**5**
04	1	**2**	3	4	5	19	1	2	3	4	**5**
05	**1**	2	3	4	5	20	1	**2**	3	4	5
06	1	2	**3**	4	5	21	**1**	2	3	4	5
07	1	2	**3**	4	5	22	1	2	**3**	4	5
08	1	2	**3**	4	5	23	1	2	**3**	4	5
09	1	2	3	**4**	5	24	1	2	**3**	4	5
10	**1**	2	3	4	5	25	1	2	3	4	**5**
11	1	2	3	**4**	5	26	1	2	3	4	5
12	1	**2**	3	4	5	27	1	2	3	4	5
13	1	2	3	**4**	5	28	1	2	3	4	5
14	1	**2**	3	4	5	29	1	2	3	4	5
15	1	2	**3**	4	5	30	1	2	3	4	5

Single-Choice-Aufgaben, Teil 1

Punkte	Divisor	=	Ergebnis 1

Ungebundene Aufgaben, Teil 2

Punkte	Divisor	=	Ergebnis 2

Gesamtergebnis (Ergebnis 1 + Ergebnis 2)

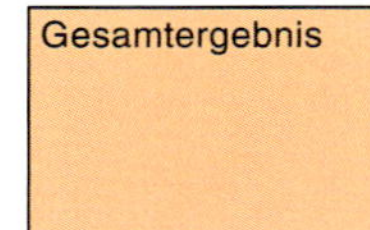

Gesamtergebnis

Bewertungsschlüssel

Punkte	Note
0 bis 29	ungenügend
30 bis 49	mangelhaft
50 bis 66	ausreichend
67 bis 80	befriedigend
81 bis 91	gut
92 bis 100	sehr gut

Unterschrift Prüfer

Firma	Name	Datum	Gesamtergebnis

Single-Choice-Aufgaben

Nr.						Nr.					
01	1	**2**	3	4	5	16	1	2	**3**	4	5
02	1	2	3	4	**5**	17	1	2	3	4	**5**
03	1	2	3	**4**	5	18	1	**2**	3	4	5
04	1	2	3	4	**5**	19	1	2	3	**4**	5
05	1	2	**3**	4	5	20	1	**2**	3	4	5
06	**1**	2	3	4	5	21	1	2	3	4	**5**
07	**1**	2	3	4	5	22	1	2	3	**4**	5
08	1	2	**3**	4	5	23	1	2	**3**	4	5
09	**1**	2	3	4	5	24	1	**2**	3	4	5
10	**1**	2	3	4	5	25	1	**2**	3	4	5
11	1	**2**	3	4	5	26	1	2	3	4	5
12	1	**2**	3	4	5	27	1	2	3	4	5
13	1	2	**3**	4	5	28	1	2	3	4	5
14	1	2	**3**	4	5	29	1	2	3	4	5
15	1	2	3	4	**5**	30	1	2	3	4	5

Single-Choice-Aufgaben, Teil 1

Punkte	Divisor	=	Ergebnis 1

Ungebundene Aufgaben, Teil 2

Punkte	Divisor	=	Ergebnis 2

Gesamtergebnis (Ergebnis 1 + Ergebnis 2)

Gesamtergebnis

Bewertungsschlüssel

Punkte	Note
0 bis 29	ungenügend
30 bis 49	mangelhaft
50 bis 66	ausreichend
67 bis 80	befriedigend
81 bis 91	gut
92 bis 100	sehr gut

Firma	Name	Datum	Gesamtergebnis

Single-Choice-Aufgaben

01	1	**2**	3	4	5	16	1	2	**3**	4	5
02	1	**2**	3	4	5	17	**1**	2	3	4	5
03	1	2	3	**4**	5	18	1	2	3	**4**	5
04	1	2	**3**	4	5	19	**1**	2	3	4	5
05	1	**2**	3	4	5	20	1	2	**3**	4	5
06	1	2	**3**	4	5	21	1	**2**	3	4	5
07	**1**	2	3	4	5	22	1	2	3	**4**	5
08	1	2	3	**4**	5	23	**1**	2	3	4	5
09	**1**	2	3	4	5	24	1	2	**3**	4	5
10	1	2	3	**4**	5	25	1	2	3	4	**5**
11	1	2	3	**4**	5	26	1	2	3	4	5
12	1	2	**3**	4	5	27	1	2	3	4	5
13	1	**2**	3	4	5	28	1	2	3	4	5
14	1	2	3	**4**	5	29	1	2	3	4	5
15	1	**2**	3	4	5	30	1	2	3	4	5

Single-Choice-Aufgaben, Teil 1

Punkte	Divisor	=	Ergebnis 1

Ungebundene Aufgaben, Teil 2

Punkte	Divisor	=	Ergebnis 2

Gesamtergebnis (Ergebnis 1 + Ergebnis 2)

Gesamtergebnis

Bewertungsschlüssel

Punkte	**Note**
0 bis 29	ungenügend
30 bis 49	mangelhaft
50 bis 66	ausreichend
67 bis 80	befriedigend
81 bis 91	gut
92 bis 100	sehr gut

Aufgabensatz 01

01

Arbeitsplan	Werkstück: Adapterplatte		Werkstoff: S235JR
Lfd. Nr.	Arbeitsschritt	Bereitstellung Werkzeuge, Betriebsmittel und Hilfsmittel	Technische Daten
1	Profil 60 mm × 10 mm auf Länge 210 mm absägen	Maschinensäge	Drehzahl: 30 1/min
2	Schnittkanten engraten	Flachfeile Hieb 3	
3	Anreißen aller Bohrungen	Höhenanreißer, Anreißplatte, Prisma	
4	Schnittpunkte der Anrissstriche ankörnen	Hammer und Körner	
5	Kernloch für Gewinde M6 bohren	HSS-Bohrer, Durchmesser 5,2 mm, Kühlschmiermittel	Drehzahl: 1500 1/min
6	Kernloch für Gewinde M8 bohren	HSS-Bohrer, Durchmesser 6,8 mm, Kühlschmiermittel	Drehzahl: 1100 1/min
7	Bohrung für das Passmaß 6H7 vorbohren	HSS-Bohrer, Durchmesser 5,7 mm, Kühlschmiermittel	Drehzahl: 1500 1/min
8	Bohrungen entgraten	Kegelsenker 90°, Durchmesser: 10,4 mm	Drehzahl: max. 100 1/min
9	Gewinde M6 schneiden	Gewindebohrer M6, Windeisen, Schneidöl	
10	Gewinde M8 schneiden	Gewindebohrer M8, Windeisen, Schneidöl	
11	Bohrung 6 H7 reiben	Maschinen-Reibahle 6H7, Schneidöl	Drehzahl: max. 100 1/min
12	Überprüfen aller Längenmaße und Winkel	Stahllineal Länge 300 mm und Anschlag-winkel	
Qualitätskontrolle, Prüfmittel: Stahllineal Länge: 300 mm, Messschieber und Anschlagwinkel			

02

$$P = 2\pi \cdot n \cdot M$$

$$M = \frac{P}{2\pi \cdot n} = \frac{1100\ \text{W}}{2\pi \cdot 24\ \frac{1}{\text{s}}} = 7{,}3\ \text{Nm}$$

03

Kreisringfläche

$$A = \frac{(D^2 - d^2) \cdot \pi}{4} = \frac{[(25\ \text{mm})^2 - (10\ \text{mm})^2] \cdot \pi}{4} = 412{,}1\ \text{mm}^2$$

$$A = 4{,}121\ \text{cm}^2$$

Kolbenkraft beim Einfahren

$F = p_e \cdot A \cdot \eta$

$F = 40\ \frac{N}{cm^2} \cdot 4{,}121\ cm^2 \cdot 0{,}8 \approx 132\ N$

04

1. $I_F = \frac{230\ V}{500\ \Omega + 1000\ \Omega + 2000\ \Omega} = 65{,}7\ mA$

2. $U_B = I_F \cdot R_K = 0{,}0657\ A \cdot 1000\ \Omega = 65{,}7\ V$

3. Bei $t < 10$ s (oberhalb Loslassschwelle) treten Muskelverkrampfungen auf. Gefahr von Herzkammerflimmern.

4. Wenn Basisschutz und Fehlerschutz versagen, dann wirkt immer noch der Zusatzschutz (3. Schutzstufe). Erreichbar durch Einsatz eines RCD mit $I_{\Delta N} \leq 30$ mA.

05

Gefahr! Gefährliche elektrische Spannung!

- Gerät (Anlage) spannungsfrei schalten.
- Spannungsfreiheit feststellen.
- Erden und Kurzschließen.
- Benachbarte spannungsführende Teile abdecken.
- Vor Installation oder Berührung des Gerätes klären, dass Sie keine elektrostatische Ladung tragen.

06

1. Sichere Auslösung ab $5 \cdot I_n = 5 \cdot 16\ A = 80\ A$

2. $Z_S = \frac{U_0}{I_F} = \frac{230\ V}{80\ A} = 2{,}875\ \Omega$

3. $\frac{24\ A}{16\ A} = 1{,}5 \rightarrow$ 1,5-fache Überlastung, 1,5-facher Bemessungsstrom

   Auslösezeit gemäß Kennlinie: 10 Minuten

4. Überlastbereich, keine Änderung: 10 Minuten

07

Kennlinie: 500 lx $\rightarrow R_4 \approx 400\ \Omega$

$I_1 = \frac{U}{R_1 + R_2} = \frac{48\ V}{250\ \Omega + 750\ \Omega} = 48\ mA$

$I_3 = \frac{U}{R_3 + R_4} = \frac{48\ V}{500\ \Omega + 400\ \Omega} = 53{,}3\ mA$

$U_1 = I_1 \cdot R_1 = 0{,}048\ A \cdot 250\ \Omega = 12\ V$

$U_3 = I_3 \cdot R_3 = 0{,}053\ A \cdot 500\ \Omega = 26{,}5\ V$

$U_{AB} = 14{,}5\ V$

08

	Feuer und offenes Licht verboten
	Berühren verboten
	Aufzug im Brandfall nicht benutzen
	Kein Trinkwasser
	Warnung vor optischer Strahlung
	Warnung vor brandfördernden Stoffen

09

Wenn die Biegekraft nicht mehr auf das Werkstück einwirkt, kommt es zu einer Rückfederung. Sie hängt vom Anteil der elastischen Umformung an der Biegestelle ab. Um diese Rückfederung auszugleichen, werden Werkstücke überbogen.

10

Spielpassung
Istmaß von Bohrung und Welle haben ein Spiel. Die Welle ist in der Bohrung durch Handkraft verschiebbar.

Übermaßpassung
Istmaß von Bohrung und Welle haben Übermaß. Das Fügen erfolgt mit hoher Presskraft. Eine Sicherung ist nicht nötig. Möglichkeit des Schrumpfens.

Übergangspassung
Istmaß von Bohrung und Welle haben Übermaß oder Spiel. Das Fügen erfolgt mit großer Presskraft.
Die Verbindung ist lösbar.

Aufgabensatz 02

01

1. Elektrisch leitende Verbindung zwischen einem aktiven Teil und dem leitfähigen Gehäuse (Schutzklasse I).

2.

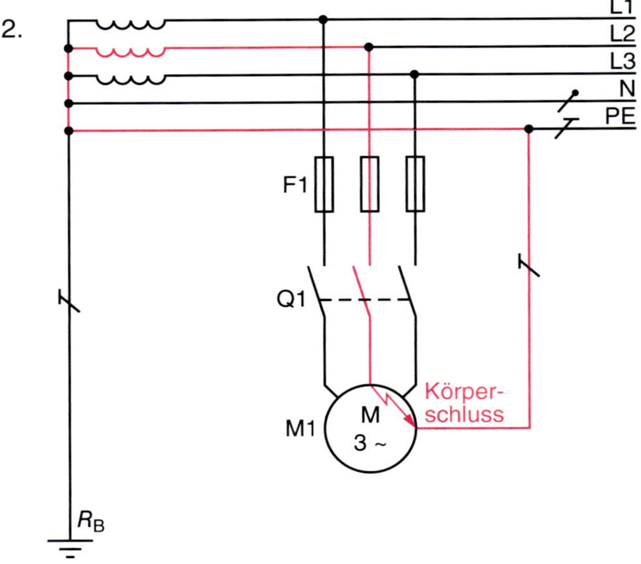

3. $I_F = \frac{U_0}{Z_S} = \frac{230\ \text{V}}{0{,}6\ \Omega} = 383{,}3\ \text{A}$

4. Eine 25-A-Schmelzsicherung spricht bei $12 \cdot I_n$ unverzögert an.

   $12 \cdot I_n = 12 \cdot 25\ \text{A} = 300\ \text{A}$

   Der Fehlerstrom ist größer als 300 A; die Abschaltbedingung wird eingehalten.

02

1. Vor Gebrauch ist der Leitungsroller vollständig abzuwickeln. Dadurch wird eine deutlich höhere Strombelastbarkeit erreicht.

2. $\Delta U = \frac{2 \cdot I \cdot l \cdot \cos\varphi}{\gamma \cdot A} = \frac{2 \cdot 14\ \text{A} \cdot 50\ \text{m} \cdot 0{,}8}{56\ \frac{\text{m}}{\Omega \cdot \text{mm}^2} \cdot 1{,}5\ \text{mm}^2} = 13{,}3\ \text{V}$

3. $P_V = I^2 \cdot R_L$

   $R_L = \frac{2 \cdot l}{\gamma \cdot q} = \frac{2 \cdot 50\ \text{m}}{56\ \frac{\text{m}}{\Omega \cdot \text{mm}^2} \cdot 1{,}5\ \text{mm}^2} = 1{,}19\ \Omega$

   $P_V = (14\ \text{A})^2 \cdot 1{,}19\ \Omega = 233{,}24\ \text{W}$

03

1. Ein RCD darf im Bereich $0{,}5 - 1 \cdot I_{\Delta N}$ ansprechen. Der hier eingesetzte RCD darf also ab 15 mA ansprechen. Bei $I_{\Delta N} = 30$ mA muss er spätestens angesprochen haben.

2. Es wird ein „künstlicher Fehlerstrom“ (begrenzt auf ca. $2 - 3 \cdot I_{\Delta N}$) hervorgerufen, der im Summenstromwandler ein magnetisches Ungleichgewicht hervorruft und den RCD zum Auslösen bringt.
   Zu beachten ist, dass dabei nicht die Wirkung der Schutzmaßnahme mit RCD, sondern nur der RCD selbst geprüft wird. Die Betätigung des Prüftasters ist Bestandteil der Erprobung.

3. Das ist möglich. Es ist allerdings darauf zu achten, dass die Testeinrichtung wirksam ist. Dazu ist die aufgedruckte Schaltung zu beachten.

4. Baubestimmungen RCD:
   Bei $I_{\Delta N}$ spätestens nach 300 ms; bei $5 \cdot I_{\Delta N}$ spätestens nach 40 ms.

   Hier Einsatz des RCD im TN-System:
   Geringer Widerstand der Fehlerstromschleife, hoher Fehlerstrom; $5 \cdot I_{\Delta N}$; maximale Auslösezeit 40 ms.

04

1. Kontaktverriegelung der Schütze Q1, Q2.

   Zu einem bestimmten Zeitpunkt kann immer nur eines der beiden Schütze angezogen sein.
   Diese Verriegelung ist notwendig, da bei gleichzeitigem Anziehen von Q1 und Q2 ein zweipoliger Kurzschluss im Hauptstromkreis hervorgerufen würde.

2. Ja, eine Verriegelung über die Schützkontakte ist unter allen Umständen erforderlich.
   Auch dann, wenn im SPS-Programm bereits eine Verriegelung durchgeführt wird.

3. Geeignet für Käfigläufermotoren, Anlassen, Ausschalten, Tippen, Reversieren, Gegenstrombremsen.
   Hier liegt Reversieren (Drehrichtungsänderung) vor.

05

1. Wenn S1 betätigt wird, zieht das Schütz K1 an und geht in Selbsthaltung. Nur dann wird die Spannung zum Betrieb der Hauptschütze Q1 und Q2 freigegeben.
   Bei Betätigung S0 (Not-Aus) fällt K1 ab. Den Hauptschützen Q1 und Q2 wird die Betriebsspannung entzogen. Sie können nicht anziehen, auch nicht, wenn die SPS-Ausgänge den Signalzustand „1“ führen.

2. Ja, die Betätigung von S0 oder eine Unterbrechung im Steuerstromkreis zu K1 führen zum Abfall des Schützes K1.

3. Die Relaiskontakte sind von der Spannungsversorgung und von den Eingängen potenzialgetrennt.
   An die Ausgänge können unterschiedliche Lasten angeschlossen werden (z. B. Lampen, Schütze, einphasige Verbrauchsmittel).

   Transistorausgänge sind kurzschlussfest und überlastfest. Eine getrennte Einspeisung der Lastspannung ist nicht notwendig, da die Kleinsteuerung die Spannungsversorgung der Ausgangslast übernimmt.

   Schaltstrom je Ausgang
   - Relais 10 A
   - Transistor 0,3 A

06

1. Gleichrichterschaltung B2U, Zweipuls-Brückenschaltung.

2. **B** Brückenschaltung
   80 Eingangsspannung bis 80 V
   C Kapazitive Last zulässig, die verwendeten Dioden können hohe Nadelimpulse führen.
   800 Gleichstrom in Milliampere (mA)

3. In jedem Stromzweig liegen 2 Dioden in Reihe. Die auftretende Rückwärtsspannung teilt sich auf zwei Dioden auf.
   Es sind zwei Stromzweige vorhanden. Durch die Anordnung fließt der Strom über zwei verschiedene Wege hin durch den Verbraucher.

07

Arbeitsplan	**Werkstück: Strebe**		**Werkstoff: AlMg3**
Lfd. Nr.	Arbeitsschritt	Bereitstellung Werkzeuge, Betriebsmittel und Hilfsmittel	Technische Daten
1	Schnittkante anreißen, Länge 600 mm	Stahllineal Länge 1000 mm, Anschlagwinkel	
2	Werkstück nach Anriss absägen	Handsäge	
3	Schnittkanten entgraten	Flachfeile Hieb 3	
4	Anreißen aller Bohrungen	Höhenanreißer, Stahllineal Länge 1000 mm, Reißnadel	
5	Schnittpunkte der Anrissstriche ankörnen	Hammer und Körner	
6	Durchgangsbohrungen Durchmesser 6,5 bohren	HSS-Bohrer, Durchmesser 6,5 mm, Kühlschmiermittel	Drehzahl: 2200 1/min
7	Durchgangsbohrungen Durchmesser 8,5 bohren	HSS-Bohrer, Durchmesser 8,5 mm, Kühlschmiermittel	Drehzahl: 1500 1/min
8	Bohrungen entgraten	Kegelsenker 90°, Durchmesser: 10,4 mm	Drehzahl: max. 100 1/min
9	Überprüfen aller Längenmaße und Winkel	Stahllineal Länge 300 mm und Anschlagwinkel	
Qualitätskontrolle Prüfmittel: Stahllineal Länge: 1000 mm, Messschieber und Anschlagwinkel			

08

1. $F_R = \sqrt{F_1^2 + F_2^2}$

   $F_R = \sqrt{(5000\text{ N})^2 + (2500\text{ N})^2} = 5590{,}2\text{ N}$

2. • Motor
   • Getriebe
   • Vorschubantrieb
   • Werkzeugschlitten
   • Reitstock
   • Spannfutter

3. Spitzenweite ist das Maß für die größte Werkstücklänge beim Drehen zwischen zwei Sitzen. Angegeben wird der Abstand zwischen den beiden eingesetzten Spitzen.

   Spitzenhöhe gibt den Abstand zwischen dem Maschinenbett und der Drehachse an. Wenn man den Wert der Spitzenhöhe verdoppelt, erhält man den maximalen Drehdurchmesser d_{max}.

4. Die Schneide muss auf Höhe der Drehachse (also in Werkstückmitte) liegen. Übermittige und untermittige Einstellungen bewirken eine Veränderung von Frei- und Spanwinkel.

09

1. • leicht
   • nicht elektrisch leitfähig
   • gute Wärmeisolation
   • korrosionsbeständig
   • geringe Temperaturbeständigkeit
   • große Wärmedehnung
   • teilweise unbeständig gegen Lösungsmittel

2. *Thermoplaste*: Sehr weich und kaum wärmebeständig. Durch Erwärmung lassen sie sich schmelzen, schweißen und umformen.

   Duroplaste: Höhere Festigkeit, Härte und Formbeständigkeit. Nicht schmelz- oder schweißbar, aber gut spanend zu bearbeiten. Bei Erwärmung erweichen diese Werkstoffe kaum, sondern beginnen sich bei einer bestimmten Temperatur zu zersetzen.

   Elastomere: Dehnbar, durch Erwärmung umformbar und nicht schweißbar.

10

1. *Urformen*
   Der Werkstoff wird in eine feste Form gebracht. Zum Beispiel durch Gießen oder Sintern.

   Umformen
   Die Stoffmenge bleibt bei spanlosen Umformverfahren erhalten. Nur die Werkstoffstruktur ändert sich. Beispiel: Walzen, Biegen, Schmieden.

   Spanen
   Die Stoffmenge des Werkstoffs wird verändert. Auch die innere Werkstoffstruktur kann beeinflusst werden. Beispiel: Bohren, Drehen Fräsen.

2. *Elastizität*
   Fähigkeit eines Werkstoffs, nach Verformung seine Ausgangsform wieder anzunehmen, wenn die Belastung aufgehoben wird.

   Plastizität
   Fähigkeit eines Werkstoffs, unter einer Belastung seine Form bleibend zu verändern.

Aufgabensatz 03

01

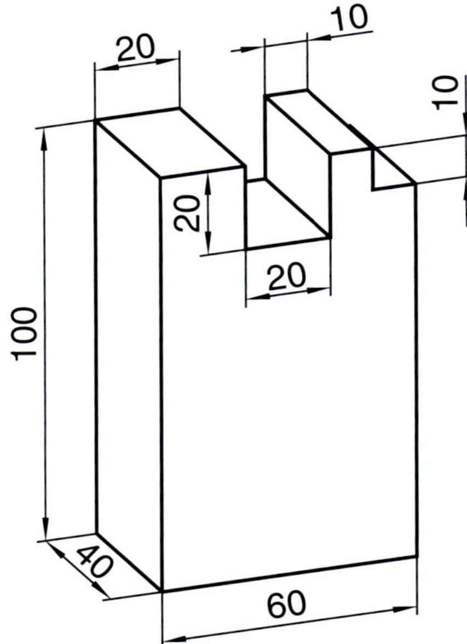

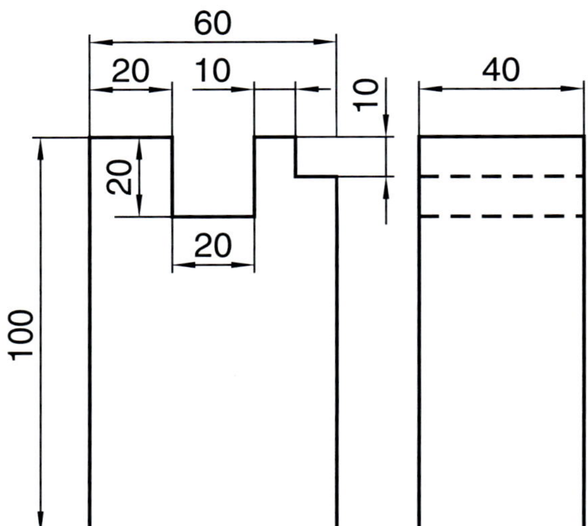

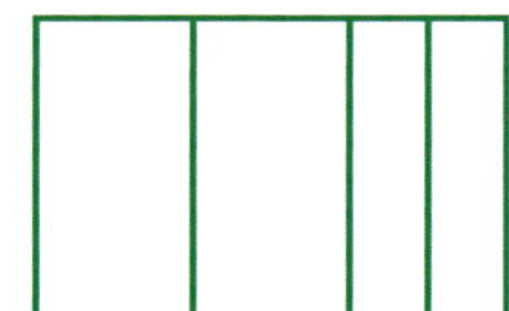

02

Formschlüssige Schraubensicherungen

- Sicherungsbleche
- Sicherungsdrähte
- Kronenmuttern mit Splint
- Sperrzahnschrauben, Sperrzahnmuttern

Kraftschlüssige Schraubensicherungen

- Federringe, Federscheiben
- Federscheiben, Zahnscheiben
- Sicherungsmuttern
- Gegenmuttern
- Selbstsichernde Muttern

Stoffschlüssige Schraubensicherungen

- Verkleben der Gewinde
- Verlöten der Gewinde
- Sicherungslack

03

	Stirn-Planfräsen	**Umfangs-Planfräsen**
Spanform	nahezu gleichmäßiger Spanquerschnitt	Kommaspan
Im Einsatz befindliche Schneiden	viele	wenige
Maschinenbelastung	gleichmäßig, da die Schnittkraft wegen des gleichmäßigen Spanquerschnitts (fast) gleichbleibend ist	ungleichmäßig, da sich durch den ständig ändernden Spanquerschnitt die Schnittkraft ständig ändert; es entstehen leichte Schwingungen
Wirtschaftlichkeit	hoch, da viele Schneiden gleichzeitig im Einsatz sind	gering, da nur wenige Schneiden im Einsatz sind
Schneidenbelastung	gleichmäßig	ungleichmäßig
Kühlschmierstoffzufuhr	Schneiden gut erreichbar	Schneiden schlecht erreichbar
Oberfläche	gut, da schwingungsarm	schlecht, wegen der Schwingung

04

1. Maß ⓐ 2 ± 0,5

   Prüfung mit Lehre, eventuell über Parallelendmaße oder über ein Messzeug. Auch der Tiefenmesschieber ist wegen seines Skalenteilungswertes geeignet.

   Maß ⓑ ∅ 20^{H7}

   Grenzlehrdorn

2.

Prüfschritt	Prüfmerkmal	Maße in mm	Maßtoleranz in µm		Prüfmittel
			A_O	A_U	
1 (a)	Einstich	2 ± 0,5	+ 500	– 500	Tiefenmessschieber
2 (b)	Bohrung	∅ 20^{H7}	+ 21	0	Grenzlehrdorn
3 (c)	Senkung	∅ 65 ± 0,1	+ 100	– 100	digitale Innenmessschraube mit Drucker
4 (d)	Durchmesser	∅ 60k6	+ 21	+ 2	Digitalbügelmessschraube
5 –	Gesamtlänge	105	–		Maßstab
6 –	Kanten	–	–		Sichtprüfung

05

1. Kernlochdurchmesser = 0,85 · Nenndurchmesser
   = 0,85 · 10 mm
   = 8,5 mm

2. Mindestbohrtiefe = Gewindetiefe + 0,7 · Kernlochbohrerdurchmesser
   = 15 mm + 0,7 · 8,5 mm
   = 21 mm

3.
- Kernloch mit 90°-Kegelsenker ansenken, damit der Gewindebohrer gut anschneidet.
- Kühlschmierstoff verwenden.
- Vorschneider senkrecht in das Kernloch einsetzen, anschneiden und unter gleichbleibendem Druck langsam in das Kernloch hineindrehen. Bei Schwergängigkeit den Bohrschneider etwas zurückdrehen, damit die Späne brechen.
- Vorschneiden bis zur gewünschten Gewindetiefe, drehen und langsam wieder herausschrauben.
- Arbeitsgänge mit dem Mittelschneider und dem Fertigschneider wiederholen.
- Gewinde mit Bolzengewinde M10 prüfen.

06

Not-Aus-Einrichtungen haben die Aufgabe, gefahrbringende Situationen so schnell wie möglich zu beseitigen. Dabei dürfen Sie keine zusätzlichen Gefahren hervorrufen. Die Bedienteile der Not-Aus-Einrichtungen müssen eine rote Farbe haben. Der Hintergrund muss eine gelbe Farbe haben.

Pilzkopf-Betätigungsteile und Reißleinen gelten als Betätigungselemente.

Der Not-Aus-Vorgang erfordert immer die Mitwirkung einer Person, er ist kein automatischer Befehl.

07

1. Mit zunehmender Temperatur wird der Widerstandswert größer. Im Verwendungsbereich ist der Zusammenhang zwischen Temperatur und Widerstand linear. Das heißt, dass eine Temperaturänderung von z. B. 10 K stets die gleiche Widerstandsänderung hervorruft. Damit ist eine einfache Temperaturerfassung möglich.

2. Pt bedeutet Platin. Platin wird also als Kaltleitermaterial verwendet (lineare Kennlinie).
   100 bedeutet, dass bei 0 °C ein Widerstand von 100 Ω vorliegt.

3. NTC-Widerstände (Heißleiter) haben eine stark gekrümmte und keine lineare Kennlinie.
   Die Auswertung ist damit aufwendig.

08

Wenn der Startmerker den Signalzustand „1“ hat, wird das Rührwerk bei Erreichen von Niveau 2 eingeschaltet und bei Unterschreiten von Niveau 1 wieder ausgeschaltet.

09

1. Es fehlt die Angabe der Auslösecharakteristik, zum Beispiel C4, B10.

2. Fehlerstrom-Schutzeinrichtung (RCD)
   Notwendige Angaben: Bemessungsstrom, z. B. 25 A; Bemessungs-Differenzstrom, z. B. 30 mA.

3. Fehlerstrom-Schutzschalter mit integriertem Überstromschutz.
   Der LS-Schalter F3 ist dann nicht mehr erforderlich.

4. Kernstück des RCD ist der Summenstromwandler. Er vergleicht die Höhe der Ströme, die in die Anlage hineinfließen und wieder herausfließen.

   Im fehlerfreien Zustand sind beide Ströme annähernd gleich, aber entgegengesetzt gerichtet. Ihre magnetischen Wirkungen heben sich im Summenstromwandler auf. In der Sekundärwicklung des Wandlers wird keine Spannung induziert; es kommt zu keiner Auslösung.

   Wenn der Fehlerstrom so groß ist, wie der auf dem RCD angegebene Bemessungs-Differenzstrom $I_{\Delta N}$, entsteht ein magnetisches Ungleichgewicht. In der Sekundärwicklung des Summenstromwandlers wird eine Spannung induziert. Der elektromagnetische Auslöser spricht an. Er darf bereits ab dem halben Bemessungs-Differenzstrom ($0{,}5 \cdot I_{\Delta N}$) ansprechen, um die fehlerhafte Anlage allpolig vom Netz zu trennen.

10

1. Motorschutzrelais

2. Wenn mindestens eines der drei Motorschutzrelais anspricht, dann werden alle Bänder abgeschaltet.

3. In beliebiger Reihenfolge.

4.

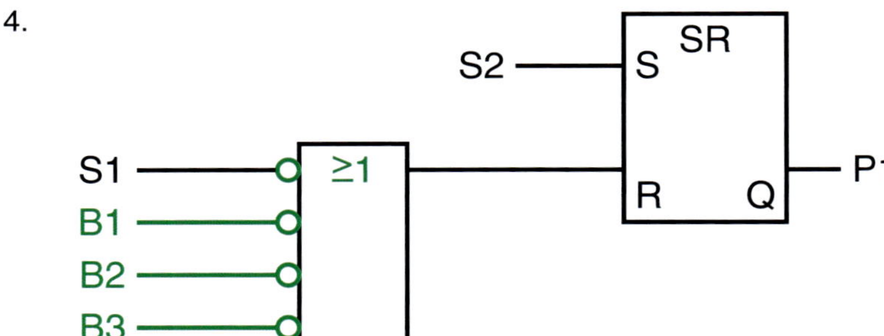

Aufgabensatz 04

01

1. H: Harmonisierte Norm
   07: Bemessungsspannung 450/750 V (U_0/U)
   R: Isolierstoff des Leiters: Natur- und/oder Butadienkautschuk
   N: Werkstoff des Mantels. Polychloropren-Kautschuk
   F: Feindrähtig
   3: Aderanzahl
   G: Mit Schutzleiter
   1.5: Querschnitt

2. Spannungsfall auf der Leitung

   $$\Delta U = I \cdot R_L = I \cdot \frac{l}{\gamma \cdot A}$$

   Länge von Hin- und Rückleitung ist zu berücksichtigen (doppelte Leitungslänge).

   $$\Delta U = 7{,}5\ \text{A} \cdot \frac{2 \cdot 10\ \text{m}}{56\ \frac{\text{m}}{\Omega \cdot \text{mm}^2} \cdot 1{,}5\ \text{mm}^2} = 1{,}79\ \text{V}$$

   $$U_2 = U_1 - \Delta U = 234{,}8\ \text{V} - 1{,}79\ \text{V} = 233\ \text{V}$$

02

Optoelektronische Sensoren enthalten grundsätzlich einen Lichtsender und einen Empfänger.
Sie erkennen die Änderung der Helligkeit des empfangenen Lichts, die durch Objekte im Lichtstrahl hervorgerufen werden. Die Ausweitung der Helligkeitsänderung bewirkt ein Schaltsignal.
Hellsteuerung: Schaltsignal bei Lichteinfall. Dunkelsteuerung: Schaltsignal bei Unterbrechung des Lichtstrahls.
Optoelektronische Sensoren arbeiten mit moduliertem Licht. Dies verhindert, dass Außeneinflüsse wie Sonnenlicht und Lichtquellen einen Einfluss haben.

03

1. Fehlerstrom-Schutzschalter mit integriertem Überstromschutz (LS-Schalter).

2. Für den Betrieb von Einphasen-Steckdosen, denen eine Fehlerstrom-Schutzeinrichtung vorzuschalten ist. LS-Schalter und RCD bilden eine kompakte Einheit.

3. RCDs dürfen zum Freischalten von Stromkreisen eingesetzt werden. Keinesfalls aber zum betriebsmäßigen Schalten von Stromkreisen.

4. RCD mit selektiver Abschaltung. Die Auslösung erfolgt zeitverzögert. Dadurch lässt sich bei Reihenschaltung von RCDs Selektivität erreichen.

04

$$A = d^2 \cdot \frac{\pi}{4} = (0{,}5\ \text{mm})^2 \cdot \frac{\pi}{4} = 0{,}19625\ \text{mm}^2 \text{ (ein Draht)}$$

$$A_g = 9 \cdot A = 9 \cdot 0{,}19625\ \text{mm}^2 = 1{,}77\ \text{mm}^2$$

$$F = m \cdot g = 500\ \text{kg} \cdot 9{,}81\ \frac{\text{m}}{\text{s}^2} = 4905\ \text{N}$$

$$\tau_Z = \frac{F}{A_g} = \frac{4905\ \text{N}}{1{,}77\ \text{mm}^2} = 2771{,}2\ \frac{\text{N}}{\text{mm}^2}$$

05

1. Die innere Haftfähigkeit des Klebstoffs.
   Kohäsion ist der Zusammenhalt zwischen den Teilchen desselben Stoffs.

2. Die Haftkraft des Klebstoffs auf der Werkstückoberfläche.
   Diese Haftkraft nimmt umso mehr zu, je höher die Fähigkeit des Klebstoffs ist, die Werkstückoberfläche zu benetzen. Adhäsion ist das Aufeinanderhaften verschiedener Stoffe.

3. Kaltklebstoffe härten bei Raumtemperatur aus. Die Aushärtezeit liegt zwischen Sekunden und mehreren Tagen.
   Warmklebstoffe haben eine Aushärtetemperatur von 150 °C bis etwa 250 °C. Die Aushärtezeit kann mehrere Stunden betragen.

06

1. Kapazitiver Näherungssensor; kann praktisch alle Materialien erfassen.

2. Vorliegend ist Blatt 5, siehe unten rechts. Der Leiter L+1 wird hier fortgesetzt von Seite 4 in den Koordinaten A und 3.

3. Wenn der Schalter S4 betätigt ist.

4. Wenn der Zylinder eingefahren ist (B1) und B3 betätigt wird, zieht K4 an und schaltet M4. Der Hubtisch hebt sich durch Ausfahren des Zylinders.
   Wenn der Zylinder ausgefahren ist (B2), wird K5 anziehen, somit geht K6 in Selbsthaltung. Der Zylinder fährt ein.
   Solange K4 angezogen bleibt (B3), kann der Zylinder nicht erneut ausfahren. Dies ist erst unter folgenden Bedingungen möglich: B3 nicht mehr betätigt, K4 fällt ab, K6 fällt ab, der Hubtisch wird für den nächsten Arbeitsgang wieder freigegeben.

   Ohne K6 würde sich der Hubtisch ständig heben und senken.

07

1.

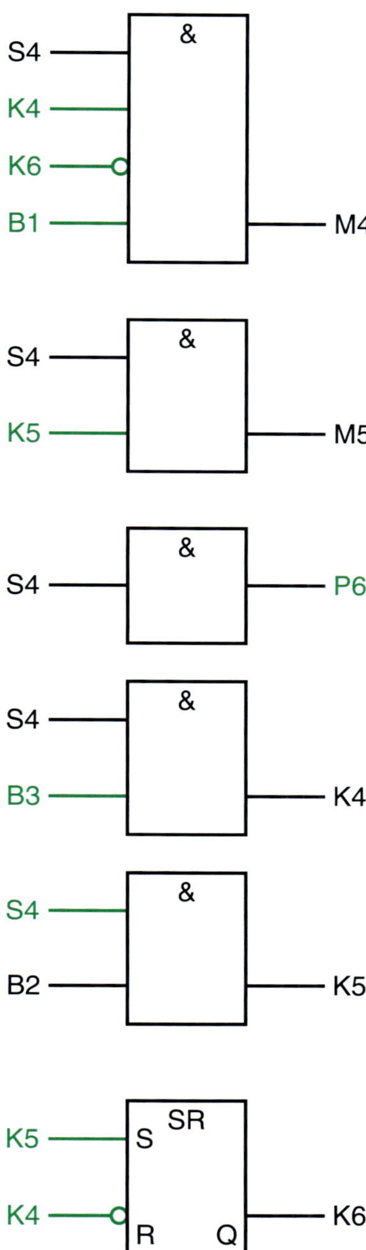

2. Speicher mit vorrangigem Rücksetzen.

   Wenn gleichzeitig S = „1“ und R = „1“, dann ist Speicherausgang „0“.

3. Bei Ausschaltvorgängen hat ein betätigter Öffner die gleiche Wirkung wie eine unterbrochene Leitungsverbindung. In beiden Fällen erfolgt ein Ausschaltvorgang. Somit kann eine mangelhafte Klemmverbindung oder eine durchtrennte Leitung nicht das Stillsetzen von Maschinen oder Anlagen bewirken, wie dies bei unzulässiger Verwendung eines Schließers der Fall wäre.

08

1. Drossel-Rückschlagventile

2. Abluftdrosselung, bei Ausfahren der Zylinderstange sperrt das Rückschlagventil. Die ausströmende Luft muss über die Drossel geführt werden. Damit kann die Ausfahrgeschwindigkeit eingestellt werden.

3. Einstellbare Endlagendämpfung des Zylinders.

4. Die Zylinderstange fährt aus.

09

1. Es handelt sich um drei Schutzstufen:

   Zusatzschutz
   Fehlerschutz
   Basisschutz

   Basisschutz: Schutz vor direktem Berühren aktiver Teile (z. B. Gehäuse, Umhüllung).
   Fehlerschutz: Drei Schutzklassen I, I, III.
   Zusatzschutz: Bei Verwendung einer Fehlerstromschutzeinrichtung mit $I\Delta N \leq 30$ mA; auch dann wirksam, wenn Fehler- und Basisschutz ausfallen.

2.

Schutzklasse	Beschreibung	Symbol
I	Schutz durch automatische Abschaltung der Stromversorgung	
II	Schutz durch verstärkte oder doppelte Isolierung	
III	Schutz durch Kleinspannung, Schutzkleinspannung	

3. Orte erhöhter Stromempfindlichkeit erfordern den Einsatz einer Fehlerstrom-Schutzeinrichtung mit $I_{\Delta N} \leq 30$ mA.

   Orte, bei denen der Übergangswiderstand zu geerdeten Teilen kleiner als 3,6 kΩ ist. In diesem Fall würde die Berührungsspannung über 50 V AC ansteigen.

10

1. Abweichungen, die bei jeder Messung in gleicher Weise auftreten. Systematische Messabweichungen können erfasst und bei weiteren Messungen berücksichtigt werden.

2. Abweichungen, die nicht bei jeder Messung auftreten. Meist hervorgerufen durch unsachgemäße Handhabung oder falsches Ablesen der Anzeige. Diese Messabweichungen können nicht eindeutig erfasst und somit auch nicht bei Folgemessungen berücksichtigt werden.

3. Kleinste unterscheidbare Differenz zweier Anzeigen einer Anzeigeeinrichtung. Angabe zur quantitativen Kennzeichnung der Eigenschaft eines Messmittels, zwischen nahe beieinander liegenden Messwerten eindeutig zu unterscheiden.

4. Kippfehler beim Messschieber, wenn das Werkstück weit von der Messschiene zwischen den Messschenkeln liegt. Daher soll das Werkstück dicht an der Schiene gemessen werden.

5. Wenn der Messwert nicht rechtwinklig zur Skalierung abgelesen wird.

Aufgabensatz 05

01

1. Der Schritt X3 kann gesetzt werden, wenn
   - Schritt X2 aktiv ist
   - die UND-Verknüpfung F6, F7, F8, S2 erfüllt ist.

   Dann zieht Q3 an und geht in Selbsthaltung.

   5 Sekunden später wird Schritt X4 gesetzt.
   Q2 zieht an und geht in Selbsthaltung.

   5 Sekunden später wird Schritt X5 gesetzt.
   Q1 zieht an und geht in Selbsthaltung.

   Zeitgesteuerte Folgeschaltung Q3 → Q2 → Q1.

2. Initialisierungsschritt

3. Ermöglicht den Ersteinstieg in Schrittketten.
   Ein Folgeschritt kann nur gesetzt werden, wenn unter anderem der Vorgängerschritt bereits gesetzt ist.
   Der Vorgängerschritt des 1. Schrittes ist der letzte Schritt.

   Der wird aber erst nach dem ersten kompletten Durchlauf der Kette gesetzt.
   Beim Ersteinstieg muss der Initialisierungsschritt unabhängig vom beschriebenen Schrittkettenprinzip aktiviert werden (Initialisierung).

4. Bei Deaktivierung von Schritt 12 wird P6 ausgeschaltet.

02

Arbeitsplan	Werkstück: Hubplatte		Werkstoff: AlMg3
Lfd. Nr.	Arbeitsschritt	Bereitstellung Werkzeuge, Betriebsmittel und Hilfsmittel	Technische Daten
1	Profil 300 mm × 15 mm auf Länge 400 mm absägen	Maschinensäge	
2	Schnittkanten entgraten	Flachfeile Hieb 3	
3	Anreißen aller Bohrungen	Höhenanreißer, Prisma und Anreißplatte	
4	Schnittpunkte der Anrissstriche ankörnen	Hammer und Körner	
5	Kernloch für Gewinde M4 bohren	HSS-Bohrer, Durchmesser 3,2 mm, Kühlschmiermittel	Drehzahl: 4400 1/min
6	Kernloch für Gewinde M10 × 1,25 bohren	HSS-Bohrer, Durchmesser 8,8 mm, Kühlschmiermittel	Drehzahl: 1600 1/min
7	Bohrungen entgraten	Kegelsenker 90°, Durchmesser 10,4 mm	max. 100 1/min
8	Gewinde M4 schneiden	Gewindebohrer M4, Windeisen, Schneidöl	
9	Gewinde M10 × 1,25 schneiden	Gewindebohrer M10 × 1,25, Windeisen, Schneidöl	
10	Überprüfen aller Längenmaße und Winkel	Stahllineal Länge 500 mm und Anschlagwinkel	
Qualitätskontrolle Prüfmittel: Stahllineal Länge: 500 mm, Messschieber und Anschlagwinkel			

03

1. Systemgrenzen
   Systemfunktion
   Systemstruktur
   Teilsysteme, Subsysteme
   Eingänge
   Ausgänge

2. Wandeln, Verändern, Führen, Verbinden, Spannen, Koppeln/Unterbrechen

04

1. Vermutlich wird das Schütz K6 nicht anziehen. In diesem Fall unterbricht der Öffner von K6 in Koordinate 2 nicht den Stromkreis zu M4. Dadurch fährt der Zylinder nach dem Einfahren sofort wieder aus, solange der kapazitive Näherungssensor den Signalzustand „1“ liefert.

2. 5/2-Wegeventil

3. Der Schaltzustand bleibt nach Wegnahme des Signals erhalten. Das Impulsventil hat Speicherfunktion.

4. Bei Impulsventilen ist der aktuelle Schaltzustand nicht unmittelbar erkennbar. Bei Wiedereinschalten der Druckluft kann also die Kolbenstange des Zylinders sofort ausfahren (Unfallgefahr).

5. Druckluftfilter, Druckregelventil, Druckluftöler

05

1. ± 1,5 % von 500 V = ± 7,5 V

   412 V ± 7,5 V → 404,5 V bis 419,5 V

2. Messgrößen können mit einem Blick erfasst werden.
   Messgrößenänderungen können leichter erfasst werden.

3.

Sinnbild	Bedeutung
⊥	Senkrechte Gebrauchslage
⊓	Waagerechte Gebrauchslage
☆ (mit 2)	Prüfspannung 2 kV
∼	Wechselstrom

4. Geeignet für Versorgungsstromkreise von Hochleistungsgeräten, die starke Stoßspannungen aufweisen können (z. B. Industriemaschinen).

06

1. Scheitelwert 3 DIV · 10 $\frac{\text{V}}{\text{DIV}}$ = 30 V

   Effektivwert = $\frac{\text{Scheitelwert}}{\sqrt{2}} = \frac{30\ \text{V}}{\sqrt{2}}$ = 21,2 V

2. Periodendauer 6 DIV · 5 $\frac{\text{ms}}{\text{DIV}}$ = 30 ms

   T = 30 ms

   Frequenz $f = \frac{1}{T} = \frac{1}{30\ \text{ms}}$ = 33,3 Hz

3. 1 Periode = 6 DIV = 360°

Phasenverschiebung 1 DIV = 60°

$\varphi = 60°$

4. Nur indirekt durch Messung des Spannungsfalls an einem definierten Messwiderstand.

07

1. **AlMg3**
   Al: Aluminium, Mg: Magnesium, 3: Prozentualer Mg-Gehalt. Mittlere Festigkeit, gute Umformbarkeit und Schweißbarkeit. Geringe Anforderungen an die mechanische Festigkeit.

   1.4301
   Austenitischer Chrom-Nickel- Stahl. Sehr gute Schweißbarkeit, gute Korrosionsbeständigkeit, gute Zerspanbarkeit.

   S235JR
   Gute Schweißbarkeit, Verformbarkeit und Festigkeit, Korrosionsschutz notwendig.
   Streckgrenze 235 N/mm^2, Kerbschlagarbeit 27 J bei 20 °C.

2. Zugspannung, die ein Stahl aufnehmen kann, ohne dass eine plastische Verformung auftritt.

3. Niedriglegierte Stähle: Bis zu 5 % Legierungsbestandteile.
   Hochlegierte Stähle: Über 5 % Legierungsbestandteile.

4.

Legierungszusatz	Ergebnis
Silizium (Si)	Erhöht die Elastizität
Chrom (Cr)	Erhöht Festigkeit und Korrosionsbeständigkeit
Nickel (Ni)	Erhöht die Korrosionsbeständigkeit
Vanadium (V)	Steigert die Härte

08

1. $P = 2\pi \cdot n \cdot M$

$$n = 275\,\frac{1}{\text{min}} = 4{,}58\,\frac{1}{\text{s}}$$

$$P = 2\pi \cdot 4{,}58\,\frac{1}{\text{s}} \cdot 175\ \text{Nm} = 5{,}03\ \text{kW}$$

2. $\eta = \frac{P_{ab}}{P_{zu}} \rightarrow P_{zu} = \frac{P_{ab}}{\eta}$

$$P_{zu} = \frac{5{,}03\ \text{kW}}{0{,}65} = 7{,}74\ \text{kW}$$

3. $M = \frac{P}{2\pi \cdot n}$ $\qquad n = 1420\,\frac{1}{\text{min}} = 23{,}67\,\frac{1}{\text{s}}$

$$M = \frac{7740\ \text{W}}{2\pi \cdot 23{,}67\,\frac{1}{\text{s}}} = 52\ \text{Nm}$$

09

1. Das Prüfmittel muss aufgrund seiner geometrischen Abmessungen das zu prüfende Maß erfassen können. Die angegebenen Toleranzen müssen sicher erfasst werden können. Der Zahlenteilungswert oder Ziffernschrittwert des Messmittels muss $\frac{1}{10}$ der Maßtoleranz des Prüfmaßes sein. Man nennt das Zehn-zu-Eins-Regel.

2. Lehre, eventuell Parallelendmaße oder Messwerkzeug (Tiefenmessschieber mit Skalenteilungswert 0,05 mm).

3. Grenzlehrdorn, Innenmessschraube (Dreipunkt-Innenmessschraube).

4. Dreipunkt-Innenmessschraube, wegen der besseren Zugänglichkeit im Vergleich zu Maß ⓑ kann auch eine Zweipunktmesschraube verwendet werden. Allerdings ist diese Messschraube am schwierigsten zu handhaben.

5. Nach der Zehn-zu-Eins-Regel kann ein Messwerkzeug mit Schrittwert von 0,001 mm verwendet werden. Digital-Bügelschraube mit Messbereich von 50 bis 75 mm.

10

1. Die Anwendung von SELV- und PELV-Kleinspannungs-Systemen bietet Schutz bei direktem und indirektem Berühren.
   Schutzkleinspannungen in Übereinstimmung mit diesen technischen Bedingungen sind Wechselspannungen $\leq$ 50 V und Gleichspannungen $\leq$ 120 V.

   Schutzmaßnahmen gegen direktes Berühren können aber auch auf geringeren Spannungsbereichen beruhen.

2. Netzstromkreis und Verbraucherstromkreis sind galvanisch getrennt. Dadurch kann kein Fehlerstromkreis auftreten, weil zum Versorgungsnetz keine leitende Verbindung besteht.
   Wenn Schutztrennung zwingend gefordert ist (z. B. in engen leitfähigen Räumen), darf nur ein Verbrauchsmittel an einen Schutztrenntrafo angeschlossen werden. Maximale Stromstärke 16 A, maximale Spannung 500 V.

Firma	Name	Datum	Gesamtergebnis

Single-Choice-Aufgaben

01	1	2	3	4	5	16	1	2	3	4	5
02	1	2	3	4	5	17	1	2	3	4	5
03	1	2	3	4	5	18	1	2	3	4	5
04	1	2	3	4	5	19	1	2	3	4	5
05	1	2	3	4	5	20	1	2	3	4	5
06	1	2	3	4	5	21	1	2	3	4	5
07	1	2	3	4	5	22	1	2	3	4	5
08	1	2	3	4	5	23	1	2	3	4	5
09	1	2	3	4	5	24	1	2	3	4	5
10	1	2	3	4	5	25	1	2	3	4	5
11	1	2	3	4	5	26	1	2	3	4	5
12	1	2	3	4	5	27	1	2	3	4	5
13	1	2	3	4	5	28	1	2	3	4	5
14	1	2	3	4	5	29	1	2	3	4	5
15	1	2	3	4	5	30	1	2	3	4	5

Single-Choice-Aufgaben, Teil 1

Punkte	Divisor	=	Ergebnis 1

Ungebundene Aufgaben, Teil 2

Punkte	Divisor	=	Ergebnis 2

Gesamtergebnis (Ergebnis 1 + Ergebnis 2)

Gesamtergebnis

Bewertungsschlüssel

Punkte	**Note**
0 bis 29	ungenügend
30 bis 49	mangelhaft
50 bis 66	ausreichend
67 bis 80	befriedigend
81 bis 91	gut
92 bis 100	sehr gut

Firma	Name	Datum	Gesamtergebnis

Single-Choice-Aufgaben

01	1	2	3	4	5	16	1	2	3	4	5
02	1	2	3	4	5	17	1	2	3	4	5
03	1	2	3	4	5	18	1	2	3	4	5
04	1	2	3	4	5	19	1	2	3	4	5
05	1	2	3	4	5	20	1	2	3	4	5
06	1	2	3	4	5	21	1	2	3	4	5
07	1	2	3	4	5	22	1	2	3	4	5
08	1	2	3	4	5	23	1	2	3	4	5
09	1	2	3	4	5	24	1	2	3	4	5
10	1	2	3	4	5	25	1	2	3	4	5
11	1	2	3	4	5	26	1	2	3	4	5
12	1	2	3	4	5	27	1	2	3	4	5
13	1	2	3	4	5	28	1	2	3	4	5
14	1	2	3	4	5	29	1	2	3	4	5
15	1	2	3	4	5	30	1	2	3	4	5

Single-Choice-Aufgaben, Teil 1

Punkte	Divisor	=	Ergebnis 1

Ungebundene Aufgaben, Teil 2

Punkte	Divisor	=	Ergebnis 2

Gesamtergebnis (Ergebnis 1 + Ergebnis 2)

Gesamtergebnis

Bewertungsschlüssel

Punkte	**Note**
0 bis 29	ungenügend
30 bis 49	mangelhaft
50 bis 66	ausreichend
67 bis 80	befriedigend
81 bis 91	gut
92 bis 100	sehr gut

Firma	Name	Datum	Gesamtergebnis

Single-Choice-Aufgaben

Nr.						Nr.					
01	1	2	3	4	5	16	1	2	3	4	5
02	1	2	3	4	5	17	1	2	3	4	5
03	1	2	3	4	5	18	1	2	3	4	5
04	1	2	3	4	5	19	1	2	3	4	5
05	1	2	3	4	5	20	1	2	3	4	5
06	1	2	3	4	5	21	1	2	3	4	5
07	1	2	3	4	5	22	1	2	3	4	5
08	1	2	3	4	5	23	1	2	3	4	5
09	1	2	3	4	5	24	1	2	3	4	5
10	1	2	3	4	5	25	1	2	3	4	5
11	1	2	3	4	5	26	1	2	3	4	5
12	1	2	3	4	5	27	1	2	3	4	5
13	1	2	3	4	5	28	1	2	3	4	5
14	1	2	3	4	5	29	1	2	3	4	5
15	1	2	3	4	5	30	1	2	3	4	5

Single-Choice-Aufgaben, Teil 1

Punkte	Divisor	=	Ergebnis 1

Ungebundene Aufgaben, Teil 2

Punkte	Divisor	=	Ergebnis 2

Gesamtergebnis (Ergebnis 1 + Ergebnis 2)

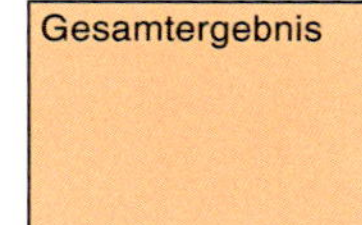

Bewertungsschlüssel

Punkte	Note
0 bis 29	ungenügend
30 bis 49	mangelhaft
50 bis 66	ausreichend
67 bis 80	befriedigend
81 bis 91	gut
92 bis 100	sehr gut

Unterschrift Prüfer

Firma	Name	Datum	Gesamtergebnis

Single-Choice-Aufgaben

01	1	2	3	4	5	16	1	2	3	4	5
02	1	2	3	4	5	17	1	2	3	4	5
03	1	2	3	4	5	18	1	2	3	4	5
04	1	2	3	4	5	19	1	2	3	4	5
05	1	2	3	4	5	20	1	2	3	4	5
06	1	2	3	4	5	21	1	2	3	4	5
07	1	2	3	4	5	22	1	2	3	4	5
08	1	2	3	4	5	23	1	2	3	4	5
09	1	2	3	4	5	24	1	2	3	4	5
10	1	2	3	4	5	25	1	2	3	4	5
11	1	2	3	4	5	26	1	2	3	4	5
12	1	2	3	4	5	27	1	2	3	4	5
13	1	2	3	4	5	28	1	2	3	4	5
14	1	2	3	4	5	29	1	2	3	4	5
15	1	2	3	4	5	30	1	2	3	4	5

Single-Choice-Aufgaben, Teil 1

Punkte	Divisor	=	Ergebnis 1

Ungebundene Aufgaben, Teil 2

Punkte	Divisor	=	Ergebnis 2

Gesamtergebnis (Ergebnis 1 + Ergebnis 2)

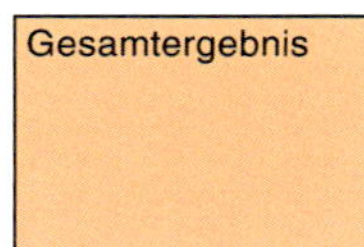

Bewertungsschlüssel

Punkte	**Note**
0 bis 29	ungenügend
30 bis 49	mangelhaft
50 bis 66	ausreichend
67 bis 80	befriedigend
81 bis 91	gut
92 bis 100	sehr gut

Firma	Name	Datum	Gesamtergebnis

Single-Choice-Aufgaben

01	1	2	3	4	5	16	1	2	3	4	5
02	1	2	3	4	5	17	1	2	3	4	5
03	1	2	3	4	5	18	1	2	3	4	5
04	1	2	3	4	5	19	1	2	3	4	5
05	1	2	3	4	5	20	1	2	3	4	5
06	1	2	3	4	5	21	1	2	3	4	5
07	1	2	3	4	5	22	1	2	3	4	5
08	1	2	3	4	5	23	1	2	3	4	5
09	1	2	3	4	5	24	1	2	3	4	5
10	1	2	3	4	5	25	1	2	3	4	5
11	1	2	3	4	5	26	1	2	3	4	5
12	1	2	3	4	5	27	1	2	3	4	5
13	1	2	3	4	5	28	1	2	3	4	5
14	1	2	3	4	5	29	1	2	3	4	5
15	1	2	3	4	5	30	1	2	3	4	5

Single-Choice-Aufgaben, Teil 1

Punkte	Divisor	=	Ergebnis 1

Ungebundene Aufgaben, Teil 2

Punkte	Divisor	=	Ergebnis 2

Gesamtergebnis (Ergebnis 1 + Ergebnis 2)

Gesamtergebnis

Bewertungsschlüssel

Punkte	Note
0 bis 29	ungenügend
30 bis 49	mangelhaft
50 bis 66	ausreichend
67 bis 80	befriedigend
81 bis 91	gut
92 bis 100	sehr gut